主　编：刘学敏
副主编：刘苏乔　徐燕军
编　者：陈　灼　李娟琴　李绍林　李淑清
刘苏乔　刘学敏　聂凤春　谭敬训
汪宗虎　王世生　徐燕军　尹芝玲
应俊玲　于克凌　张淑梅　朱庆祥

北大版汉语教学辅助用书

中级汉语练习题萃

The Bible for Accessing Intermediate Chinese I

上册

北京语言大学汉语学院中级汉语教研室　编

附：综合测试卷
　　参考答案
　　录音光盘

北京大学出版社
PEKING UNIVERSITY PRESS

图书在版编目（CIP）数据

中级汉语练习题萃．上册/北京语言大学汉语学院中级汉语教研室编．—北京：北京大学出版社，2008.11

（北大版汉语教学辅助用书）

ISBN 978-7-301-14320-9

Ⅰ．中…　Ⅱ．刘…　Ⅲ．汉语－对外汉语教学－习题　Ⅳ．H195.4

中国版本图书馆 CIP 数据核字（2008）第 154703 号

书　　　名：中级汉语练习题萃　上册
著作责任者：北京语言大学汉语学院中级汉语教研室　编
责 任 编 辑：宋立文（slwwls@126.com）
封 面 设 计：牛豫杰
标 准 书 号：ISBN 978-7-301-14320-9/H·2081
出 版 发 行：北京大学出版社
地　　　址：北京市海淀区成府路 205 号　100871
网　　　址：http://www.pup.cn
电 子 信 箱：zpup@pup.pku.edu.cn
电　　　话：邮购部 62752015　发行部 62750672　出版部 62754962　编辑部 62752028
印　刷　者：北京大学印刷厂
经　销　者：新华书店
787 毫米×1092 毫米　16 开本　14.75 印张　257 千字
2008 年 11 月第 1 版　2008 年 11 月第 1 次印刷
印　　　数：0001—3000册
定　　　价：42.00 元（含综合测试卷、参考答案及 MP3 盘 1 张）

序

这套《中级汉语练习题萃》终于面世了，我带着极其喜悦的心情撰写这篇序言。成年人掌握第二语言或者外语，要经过一个十分艰苦的过程。在这一过程中，课堂、教师和教材无疑起到了巨大的推动作用，但是，最终获得成功还是要学习者自己的努力，努力多听、多读、多说、多写、多动脑筋。完成这"几多"要有一个先决条件，就是听什么、读什么、说什么、写什么、想什么。无论是课上还是课下，学习时间总是有限的，在有限的时间里，如何面对这无限的目的语世界呢？这对于学生和老师都是一件头痛的事，他们多么希望得到更多的与教学程度和教材相适应的练习材料，以进行课上课下的学习和教学。从这个意义上讲，《中级汉语练习题萃》的出版，对于汉语学习者以及汉语教师来说都是一个喜讯。

在对外汉语教学界，特别是中级阶段，正式出版的练习题集实在匮乏。市场上那些林林总总的 HSK 练习书籍，大多是从汉语水平测试出发，是跟着测试指挥棒走的应试工具。而《中级汉语练习题萃》则不然，它的着眼点在教与学两方面，从培养学生的汉语言交际能力出发，以全面提高学生熟练运用汉语为宗旨。这样的练习题集无论对学生还是对教师都会有实实在在的帮助作用。

考察一部习题集的质量如何，最重要的是要看由谁来编写、怎样编写。《中级汉语练习题萃》的编者全部是在教学第一线多年从事中级汉语教学的老师，其中有具有三十年以上教学经验的老教师，教龄最短的年轻老师也有近十年的教学经历了。对于中级阶段的汉语教学应当怎么教、教什么，学生应当怎么学、需要学什么，他们了如指掌，最有发言权。这种教学经验是一笔无可替代的宝贵财富。编者中还有的教师在汉语及汉语教学理论研究上也颇多建树，并多次参与教材、教学大纲及教学规范的编写工作。总之，由这样一些通晓中级汉语教学的专家来担任编写、筛选、提炼练习题萃的任务，质量有了基本保障，使用者尽可放心。

我们再来看看编写过程。《中级汉语练习题萃》是作为科研项目展开的，从立项到交稿历时近 10 年。立项之初，首先做的是几项基础工作：考察中级汉语教学及教材的历史与现状，对其进行全面的评估；充分分析研究了该阶段学生学习中的难点和重点；在此基础上通过反复论证，明确了《中级汉语练习题萃》的编写宗旨及特色；题型的确定、词汇、语法的编排均以中级阶段汉语教学大纲、词汇大纲、语法大纲为依据，具备准确的量化标准，避免了盲目性。这套题萃是在这些大量的前期准备工作的基础上方开始编写的，这就保证了题萃的科学性和使用价值。在整个编写过程中，全体编者总是把学习者放在心上，把调动学习者的积极性放在心上，扎扎实实地完成每一套题、每一道题的筛选编排，这种仔细、深入、务实的态度令人敬佩。

最后希望这套辅助型综合性的题萃能很好地发挥作用，为学习者提高汉语水平尽责尽力。

李　杨

编写说明

本套《中级汉语练习题萃》分为上、下两册，是为学习汉语言专业二年级的留学生，以及具有同等水平的母语为非汉语的学习者而编写的一部辅助型综合汉语练习题集。

本题萃适用于已学完汉语基本语法，并已掌握了2 500个左右汉语词语的学习者进行课堂练习和课外练习。本题萃也为从事对外汉语教学的教师提供了一套形式多样、内容丰富、实用有效的教学参考资料以及测试参考题库。通过使用这一系列形式多样、全面有效的练习题，既可以帮助学习者快速有效地复习、巩固和提高所学的汉语知识，起到温故而知新的作用，又可以使学习者在不断的训练中向高级汉语阶段迈进，起到承上启下的作用。本题萃还可以帮助学习者自我测试个人的汉语水平。

我们是在充分分析和研究汉语中级阶段学生学习中的难点与重点的基础上编写本题萃的。题型的确定，词汇和语法点的编排，都以对外汉语中级阶段教学大纲中的词汇大纲和语法大纲为依据，同时还参考了当前使用的各种中级汉语教材。

本题萃以综合测试卷作为标准，可以平面组合成100余套综合测试卷；如果以变换的形式组合，那就会组合成若干套综合测试卷；若以单题作为标准来统计，全书总题数在一万左右，总字数为30万左右。

本题萃共分为三大部分：第一部分是由十大项目组成的总练习题，即听写、词语搭配、把词语整理成句子、用适当的词语填空、判断句子对错、把句子后面的词语填在最恰当的地方、选择正确答案、用指定词语回答问题、根据提示和所给词语写一段话和短文填空。第二部分为综合测试卷，总共为12套题，难度逐渐加大，教师可根据学生水平灵活选用。第三部分为录音文本与参考答案。

为了便于使用者了解本题萃每个练习项目的编写意图，我们特意在每一个项目下对该类题型的训练目的和答题思路做了简明扼要的说明。这样既便于使用者了解该项目的训练目的和要求，同时也便于学习者掌握此类题型的答题技巧。

本题萃的使用者可以按照各个项目的次序做练习，也可以针对自己的弱点以及学习的难点有选择地使用其中的某一部分，还可以选取各个项目中的某一部分组成若干套题来使用。我们相信，本题萃会对每位使用者提高自己的汉语水平、闯关升级起到举足轻重的作用。

本题萃在编写和出版过程中，曾得到北京语言大学时任汉语学院院长李杨教授、李立成教授和时任汉语学院汉语系系主任陈田顺副教授的大力支持与热情帮助。中级汉语教研室全体教师在教学任务十分繁重的情况下，历经近 10 载，克服了各种困难，绝大部分编写任务都是利用寒暑假和休息时间完成的。北京大学出版社的胡双宝教授为我们审阅了全稿，提出了很多宝贵的修改意见。北京语言大学打字室的工作人员以及张杰老师也为本书做了很多辅助工作。北京大学出版社的沈浦娜主任和宋立文编辑也为本书花费了不少心血，提出了不少宝贵的意见与建议，给予了大力的支持与帮助，在此向他们一并表示衷心的感谢。

由于水平和各种条件的限制，本题萃肯定会有不少需要进一步探讨、研究和完善的地方，欢迎使用者批评指正。

编　者

目　　录

一、听写

训练目的：

训练学习者听后将声音转换成汉字的理解与书写能力。

答题思路：

听写内容的录音总共为五遍。第一遍先将所听写的内容全文念一遍。第二遍至第四遍一个句子一个句子地念，每个句子念三遍。第五遍再将全文从头到尾念一遍。学习者在听写过程中千万不要机械地单纯听声音写汉字，最好首先在听第一遍全文的过程中，在自己的脑子里形成大概的主题轮廓和汉字的快速搜索，然后在每个句子念三遍的过程中，尽快写出听懂的和会写的汉字，没有完全听懂的和一时写不出来的汉字，一定要做个自己能看得懂的记录，比如使用拼音或母语等。一般来讲，还是写汉语拼音比较好，如果只记该字词的意思的话，可能不准确，因为在汉语中，同样的意思可以有不同的表达方式。记录的目的是为了帮助自己在后面听的过程中很快把没有写出来的汉字写出来。最后一遍主要是帮助学习者再做一次全面的检查和修正，此时一定要跟着录音检查整篇文章，千万不要因为一两个汉字而停留在那里，这样会顾此失彼。

二、词语搭配

训练目的：

训练学习者掌握汉语词汇和词汇之间的搭配规律及其特点。本练习中，均为无定搭配，也就是说，搭配出来的短语只要符合正确的搭配规律就可以。

答题思路：

学习者首先要清楚所搭配出来的一定是词和词的关系，而不是一个小句子。在搭配的过程中，学习者首先应该清楚已知词的词性以及它的搭配规律。比如动词，它的前边可以和哪些词搭配，它的后边可以和哪些词搭配。当然如果记住了不能和什么词语搭配也是一个好方法。

第一部分

1 挨______
2 ______挨
3 癌______
4 ______癌
5 保障______
6 ______保障

7 保证______
8 ______保证
9 报酬______
10 ______报酬
11 抱歉______
12 ______抱歉

13 闭______
14 ______闭
15 标准______
16 ______标准
17 不安______
18 ______不安

19 拆______
20 ______拆
21 搀______
22 ______搀
23 场合______
24 ______场合

25 称赞______
26 ______称赞
27 承认______
28 ______承认
29 吃惊______
30 ______吃惊

31 吃亏______
32 ______吃亏
33 充满______
34 ______充满
35 崇拜______
36 ______崇拜

37 出事______
38 ______出事
39 传统______
40 ______传统
41 喘______
42 ______喘

43 从容______
44 ______从容
45 凑______
46 ______凑
47 挫折______
48 ______挫折

49 打扮______
50 ______打扮
51 打工______
52 ______打工
53 单纯______
54 ______单纯

55 倒霉______
56 ______倒霉
57 得意______
58 ______得意
59 赌______
60 ______赌

61 对手______
62 ______对手
63 发表______
64 ______发表
65 罚______
66 ______罚

67 放弃______
68 ______放弃
69 分明______
70 ______分明
71 服______
72 ______服

73 付______
74 ______付
75 负担______
76 ______负担
77 复制______
78 ______复制

79 富裕______
80 ______富裕
81 概念______
82 ______概念
83 干涉______
84 ______干涉

85 感受______
86 ______感受
87 感兴趣______
88 ______感兴趣
89 观察______
90 ______观察

91 观念______
92 ______观念
93 规定______
94 ______规定
95 合______
96 ______合

97 合格______
98 ______合格
99 后果______
100 ______后果
101 糊涂______
102 ______糊涂

103 花______
104 ______花
105 怀疑______
106 ______怀疑
107 活泼______
108 ______活泼

109 嫉妒______
110 ______嫉妒
111 价钱______
112 ______钱
113 嫁______
114 ______嫁

115 检验______
116 ______检验
117 建议______
118 ______建议
119 讲究______
120 ______讲究

121 接触______
122 ______接触
123 结婚______
124 ______结婚
125 借口______
126 ______借口

127 尽______
128 ______尽
129 举行______
130 ______举行
131 拒绝______
132 ______拒绝

133 客观______
134 ______客观
135 控制______
136 ______控制
137 跨______
138 ______跨

139 懒______
140 ______懒
141 理解______
142 ______理解
143 联系______
144 ______联系

145 溜______
146 ______溜
147 流行______
148 ______流行
149 勉强______
150 ______勉强

151 陌生______
152 ______陌生
153 目标______
154 ______目标
155 偶然______
156 ______偶然

157 拍摄______
158 ______拍摄
159 盼______
160 ______盼
161 赔偿______
162 ______赔偿

163 骗______
164 ______骗
165 清醒______
166 ______清醒
167 取消______
168 ______取消

169 权利______
170 ______权利
171 人群______
172 ______人群
173 如此______
174 ______如此

175 塞______
176 ______塞
177 生气______
178 ______生气
179 实现______
180 ______实现

181 适应______
182 ______适应
183 树立______
184 ______树立
185 算______
186 ______算

187 损失______
188 ______损失
189 掏______
190 ______掏
191 淘汰______
192 ______淘汰

193 提前______
194 ______提前
195 调皮______
196 ______调皮
197 贴______
198 ______贴

199 同情______
200 ______同情
201 推荐______
202 ______推荐
203 为难______
204 ______为难

205 委屈______
206 ______委屈
207 文明______
208 ______文明
209 无可奈何______
210 ______无可奈何

211 无数______
212 ______无数
213 误会______
214 ______误会
215 享受______
216 ______享受

217 象征______
218 ______象征
219 消费______
220 ______消费
221 信任______
222 ______信任

223 宣布______
224 ______宣布
225 选择______
226 ______选择
227 业务______
228 ______业务

229 遗憾______
230 ______遗憾
231 瘾______
232 ______瘾
233 招呼______
234 ______招呼

235 珍惜______
236 ______珍惜
237 镇静______
238 ______镇静
239 治疗______
240 ______治疗

241 赚______
242 ______赚
243 咨询______
244 ______咨询
245 仔细______
246 ______仔细

247 钻______
248 ______钻
249 钻研______
250 ______钻研
251 尊重______
252 ______尊重

第 二 部 分

1 ______案例
2 熬______
3 ______把握
4 掰______
5 ______帮忙
6 ______包扎

7 ______宝贝
8 ______背景
9 ______被子
10 ______弊端
11 ______避开
12 表达______

13 ______玻璃
14 ______不得了
15 采访______
16 ______菜肴
17 参谋______
18 操练______

19 嘈杂______
20 侧______
21 ______差错
22 肠道______
23 ______唱片
24 ______超市

25 成千上万______
26 ______城铁
27 迟钝______
28 ______耻辱
29 ______充电
30 重新______

31 ______抽奖
32 出卖______
33 ______出租
34 处事______
35 ______传真
36 串______

37 ______匆忙
38 粗略______
39 搭______
40 ______打包
41 ______打断
42 ______打嗝

43 ______打猎
44 ______大厦
45 挡______
46 ______道歉
47 ______得慌
48 提防______

49 ______底片
50 ______电脑
51 掉______
52 ______动机
53 ______短信
54 ______断裂

55 恶劣______
56 ______发达
57 ______发疯
58 ______发毛
59 ______发票
60 发射______

61 ______番茄
62 繁重______
63 ______反思
64 饭盒______
65 ______饭局
66 ______房东

67 分泌______
68 分享______
69 氛围______
70 ______粉丝
71 丰满______
72 丰盛______

73 风光______
74 讽刺______
75 符合______
76 ______辅导
77 付出______
78 尴尬______

79 ______感慨
80 感悟______
81 高明______
82 ______歌星
83 格外______
84 个别______

85 更正______
86 ______公寓
87 公众______
88 功劳______
89 孤单______
90 ______孤独

91 故意______
92 关爱______
93 关节______
94 观测______
95 贯穿______
96 ______光环

97 ______光盘
98 ______规律
99 ______轨道
100 果然______
101 过分______
102 ______过关

103 ______海报
104 毫不______
105 毫无______
106 ______好汉
107 ______合影
108 ______黑客

109 呼吁______
110 ______花盆
111 ______化妆
112 ______话题
113 恢复______
114 ______祸源

115 肌肉______
116 积累______
117 忌讳______
118 祭祀______
119 加以______
120 夹______

121 ______家教
122 嘉宾______
123 ______剪刀
124 ______简历
125 ______见解
126 降______

127 ______交涉
128 ______较量
129 ______教养
130 解除______
131 尽量______
132 精通______

133 ______纠纷
134 救济______
135 ______举动
136 捐______
137 绝对______
138 ______开端

139 砍伐______
140 克制______
141 ______空难
142 ______苦恼
143 酷______
144 快活______

145 ______宽容
146 ______窥探
147 ______窥望
148 浪漫______
149 ______乐趣
150 冷落______

151 愣______
152 ______礼仪
153 ______疗养院
154 ______零件
155 ______炉灶
156 ______录取

157 录用______
158 ______漫画
159 门道______
160 ______迷信
161 免费______
162 ______勉励

163 ______庙
164 ______命
165 纳闷______
166 ______难关
167 难以______
168 溺爱______

169 捏______
170 虐待______
171 ______攀比
172 庞大______
173 泡______
174 ______陪读

175 频繁______
176 平和______
177 ______评价
178 ______坡
179 破除______
180 祈求______

181 启发______
182 ______器官
183 ______恰当
184 歉疚______
185 ______腔调
186 ______强烈

187 ______怯场
188 亲密______
189 ______侵犯
190 ______劝酒
191 ______让座
192 热线______

193 人际______
194 人生______
195 人物______
196 忍不住______
197 忍耐______
198 任何______

199 ______容许
200 ______撒谎
201 ______扫兴
202 ______扫帚
203 ______沙锅
204 ______山顶

205 ______山腰
206 善意______
207 ______伤口
208 奢侈______
209 ______深远
210 慎重______

211 ______失眠
212 ______失主
213 始终______
214 事先______
215 视野______
216 是非______

217 ______适度
218 ______输液
219 随手______
220 损耗______
221 贪______
222 探讨______

223 ______烫
224 逃避______
225 提拔______
226 提倡______
227 ______提职
228 ______题目

229 ______体系
230 甜蜜______
231 挖______
232 网络______
233 ______威胁
234 ______文章

235 无比______
236 无法______
237 无用______
238 ______舞
239 物质______
240 误解______

241 ______膝盖
242 瞎______
243 显得______
244 ______显眼
245 线路______
246 陷入______

247 ______消极
248 销售______
249 心地______
250 ______醒悟
251 休闲______
252 休学______

253	______学科	259	______野心	265	______勇气
254	______牙齿	260	一串______	266	______邮件
255	______烟鬼	261	一股______	267	诱发______
256	延长______	262	一项______	268	______愚蠢
257	______掩埋	263	意味着______	269	______预兆
258	养活______	264	引进______	270	欲望______

271	熨______	277	正式______	283	重视______
272	赞美______	278	______政客	284	助理______
273	展现______	279	秩序______	285	注视______
274	______者	280	______中和	286	______注重
275	______枕头	281	中级______	287	______赚钱
276	正面______	282	终于______	288	______装饰品

三、把下列词语整理成句子

训练目的：

训练学习者认读、理解所给词语的意思，并把这些词语按照汉语的语法和意思组词成句的能力。

答题思路：

学习者在答题过程中，首先要抓住所给词语中的重点词语，也就是这个句子中的主要框架，并通过这些重点词语分析出这个句子的主要内容大概是什么。先把主要框架搭起来，然后再填补和丰满这个句子。最后再从头到尾检查一遍，看看有没有落掉的词语，同时可以再调整不合适的地方。

答题要求：

用汉字在横线上写出完整的句子。

1 从来 过 的 也 这么 没 镇静 我 老乡

____

2 考试 安娜 一 要 心情 的 不觉 起来 听说 紧张 又

____

3 热烈 那么 你 场面 的 看到 没 遗憾 太 简直 了

____

4 不是……吗 “塞” 字 差不多 “寒” 字 同 呢 太 认真 何必

____

5 观念 人们 树立 的 已经 起来 法制 了

____

6 个 像 的 简直 时候 他 孩子 笑

____

7 而 方便 因为 很 感到 他 丢 不 自行车 了

____

8 了 我 起来 把 想 放 不 哪儿 词典 始终 在

____

9 城市 是 年轻 一 北京 既……又…… 古老 座 的

____

10 的 去 计划 我 地 旅游 取消 无可奈何 了 西安

____

11 了 赔不是 向 他 我 昨天 已经

____

12 是 她 孩子 了 毕竟 不 做 这种 怎么 事 会 出 呢

____

13 交 给 小王 信 了 忘 一时 把 了 他

____

14 厉害 是 知道 你 了 算 的 我

____

15 见面 人 任何 时候 都 在 可以 任何 他 跟 不

____

16 过去 那个 一下 人 能 安慰 能 你 不

____

17 害怕 任何 你 要 挫折 时候 都 困难 不 和

____

18 他 下来 问 平静 再 等 咱们 以后 吧 他

____

19 记 宰人 怎么 司机 下来 的 没 你 车号 把 的

____

20 青少年 校园 重新 的 回 到 了 成千上万 都 失学

____

21 一 问题 安娜 就 紧张 答 错 容易

____

22 去 弟弟 留学 日本 已经 我 不觉 了 三年

____

23 才 家 穿过 胡同 我们 找 了 到 他 几条

____

24 从 中 解脱 已经 出来 他 痛苦 了

____

25 为 点儿 小事 何必 这么 你 呢 生气

____

26 亲自 我 这 希望 事情 能 院长 跟 谈 件

____

27 老师 二百 今天 人 连……带…… 参观 学生 去 的 差不多 有

____

28 吃力 这 的 翻译 一定 关于 他 篇 汽车 文章 感到

____

29 为 努力 的 理想 要 我们 实现 自己 学习 而

____

30 保持 希望 继续 我 毕业 还 以后 能 我们 联系

____

31 一 又 次 她 借口 来 一 上课 不 生病 次 地

____

32 拒绝 我 的 告诉 始终 那 他 秘密 个 人

____

33 三 花 做 他 个 作业 才 把 小时 今天 了 完

____

34 要 清醒 今天 头脑 我们 上午 一定 保持

____

35 加以 学生 一定 迟到 解决 要 问题 的

____

36 这 老 天 小李 麻烦 几 我 找 给

____

37 失败 了 经过 他 成功 无数 获得 了 次 才

____

38 从容 什么 很 小王 都 事 做

____

39 呢 小事 计较 种 何必 这 你

____

40 条 了 被 出去 消息 他 宣布 那 已经

____

41 纪律 了 向 考试 前 几 我们 项 宣布 老师

____

42 而 少年 一个 的 王志强 因为 是 贫穷 失学

____

43 昨天 几个 颐和园 我 一趟 去 同学 跟 了 打的

____

44 平均 考试 85 分 期末 成绩 这 次 我 是

____

45 称赞 的 丈夫 年轻 大大 作品 对 要 的 一番 都 妻子 每 件

____

46 结婚 他 毫无 语言 坚决 共同 人 不 的 跟

____

47 海外 商人 不是 在 我 收藏家 而是 一个 一个 普通

____

48 到 我 搀 奶奶 晒 老 下 把 太阳 想 楼

____

49 的 要 交通 是 违反 法规 挨罚

____

50 分明 在 这个 找 是 学生 借口 故意

____

51 张平　只好　向　一时　不　钱　多　别人　借　那么　拿　出

____

52 有　买　的　多　王英　钱　不在乎　都　贵　东西　确实

____

53 你　没有　为什么　错　发　冲　小明　他　脾气

____

54 既……又……　这　努力　聪明　孩子　都　老师　充满　他　和　对　家长　信心

____

55 我　大家　要　地　我　帮助　像　去　帮助　一样　别人

____

56 地方　那　小王　个　熟悉　他　就　吧　请　带　我们　给　路

____

57 说说　只是　随便　他　这么　又　计较　呢　何必　你

____

58 出来　苦难　中　解脱　从　才　能　她　时候　什么

____

59 秘密　这　能　点儿　至多　憋　他　上午　一个

____

60 成功　要　获得　想　首先　树立　要　信心

____

61 吵　吵　归　她　我　跟　完　了　吵　好　朋友　还是

____

62 半天　好　出来　办法　想　了　我　才　一个　想

____

63 谁 他 不 清 到底 谁 大家 是 都 说

____

64 这些 的 衣服 很 时髦 穿 喜欢 女孩儿 最

____

65 吗 不 你 消息 把 说 这个 告诉 不是 他

____

66 愿望 多年 个人 他 画展 是 来 的 一个 举办

____

67 上学 我 帮助 用 孩子 挣 这些 钱 的 打工

____

68 吵架 找 故意 我 毛病 他 的 和 我

____

69 接 那天 开车 我 亲自 机场 到 回 家 妈妈

____

70 都 群众 困难 上 人民 心 在 的 放 把 国家 从来

____

71 小事 何必 一趟 这点儿 亲自 你 为 呢 跑

____

72 始终 信件 邮局 清楚 处理 不 这些 也 怎么

____

73 希望 的 从 看到 年轻人 这些 中国 了 身上 我

____

74 不好意思 父母 跟 什么 说 呢 话 有

____

75 既……又…… 找 到 容易 工作 很 理想 不 轻松 一 个 的

____

76 都 好 开心 大家 就 只要

____

77 幸福 钱 会 有 不 一定 得到

____

78 差不多 好 都 得 了 考 人 走 的

____

79 饭 感到 一……就…… 小王 下 不 吃 累

____

80 不要 你 意见 不 发表 了解 就 轻易 情况

____

81 受 凡是 权利 的 就 孩子 有 教育 都

____

82 为什么 是 孩子 冲 的 你 错 脾气 不 他 呢 发

____

83 阿里 把 了 过来 错误 都 的 已经 地方 改

____

84 逃跑 连……带…… 那些 滚 骗子 爬 地 了

____

85 批评 因为 了 不 她 而 挨 干 了 生气

____

86 平静 他 了 下来 总算 后 个 小时 三

____

87 那 很 怪 喜欢 孩子 让 懂事 的 人

____

88 过来 他 谢谢 救 你们 了 把

____

89 是 迟到 他 错 因为 了 车 搭

____

90 而 批评 她 的 老师 及格 挨 因为 了 不 考试

____

91 没 以后 毕业 始终 过 小李 见到 大学 我

____

92 种 不 别人 活动 勉强 你 这 参加 要

____

93 都 做 有 的 会 责任感 凡是 人 这么

____

94 得 呢 他 过来 忙 能 一个人 怎么

____

95 一种 功夫 任何 的 要 好 语言 不 学 一定 苦 可以 都 是 下 轻易

____

96 姑娘 我 一个 去年 的 结婚 漂亮 跟 朋友 很 了

____

97 没 这么 难 以为 竟 想到 考题 我 很 简单

____

98 了 我们 想到 真的 事情 竟 说 他 没有 我 把 的 出去

____

99 一个 起飞 的 昨天 因为 小时 好 天气 原因 晚 了 不 飞机

____

100 的 至少 要求 老师 文章 五百 我们 写 一篇 字

____

101 了 总算 到 朋友 今天 把 下午 小王 我 找 的

____

102 做 从来 我们 的 勉强 我们 喜欢 不 不 父母 事情

____

103 回去 的 把 回来 马力 退 衣服 买 了 又 刚刚

____

104 喜欢 一起 凡 没有 不 他 的 工作 的 跟 过 人 在 他

____

105 为什么 起来 把 叫 呢 老师 我 偏偏

____

106 当场 骗子 群众 把 住 展销会 那个 上 抓 了 就

____

107 故意 生产 厂家 生产 日期 注意 地方 被 在 写 不 人 把 的

____

108 不 规定 应该 赔偿 按 他们

____

109 他 看 不由得 又 了 苏州 一眼 姑娘

____

110 到处 被 你 罚款 停 这样 会 瞎 的 车

____

111 质量 问题 出现 只要 规定 损失 保证 厂家 按 赔偿

____

112 看 着 你 电视 怎么 着 看 着 就 睡 了

____

113 注意 的 任何 人类 环境 都 要 自己 人 保护 生存

____

114 不见得 不好 价钱 就 便宜 东西

____

115 以……身份 国家 他 很 学者 过 多 曾 访问

____

116 话 的确 的 听 我 他 说 没 懂

____

117 比 不 学习 的 我 嫉妒 我 从来 同学 好

____

118 有 提 要求 你 什么 随时 可以 出来

____

119 告诉 回国 你 我 请 时间 提前 的

____

120 损失 按照 应该 规定 赔偿 的 商场 顾客

____

121 我 什么 可以 你 问 有 随时 来 问题

____

122 彩票 那样 买 发财 你 难道 能 的 真 像 说 吗 肯定 的

____

123 实现 对 毫无 信心 理想 他 美好

____

124 现在 是否 的 答应 还 对方 我们 很 条件 难说

____

125 运动 刚 的 这 起来 一项 是 体育 兴

____

126 法律 任何 都 人 时候 遵守 要 任何

____

127 做 工作 完 能 今天 的 做 决不 明天 到 放 去 我

____

128 钱包 了 机票 小偷 被 时 在 买 的 我 走 偷

____

129 改变 现在 消费 人们 意识 的 完全 了

____

130 到 小张 了 自己 意识 还 做 没 错

____

131 阿里 提高 不是 为了 而是 为了 汉语 打工 水平 赚钱

____

132 很 东西 的 一样 却 完全 价钱 相差 有的 大

____

133 张光 听 口气 的 说话 他 显然 这 知道 了 事 件 已经

____

134 终于 他 大学 了 愿望 的 实现 考 自己 上

____

135 注意 千万 开车 交通 要 违反 时 安全 别 规则

____

136 不见得 多次 是 挫折 坏 事 受 件

____

137 他 这些 了 意见 做 能 出 决定 才 只有 同意

____

138 罚 这次 被 了 警察 看样子 要 款

____

139 事情 我 就 买 彩票 对 之类的 从来 不 感兴趣

____

140 便宜 时髦 那 保证 的 套 不 家具

____

141 放弃 你 如此 为什么 机会 好 轻易 的

____

142 几个 他们 谁 认识 不 也 人 过去 谁

____

143 随便 请 事情 别人 你 干涉 不要 的

____

144 打架 要 同屋 为什么 跟 你 偏偏 呢 的 你

____

145 就 再 淘汰 被 恐怕 不 了 时代 要 努力

____

146 孩子 吃 的 吵 一……就…… ……着……着 早上 闹 醒 这 要

____

147 合格 出售 保证 赔偿 质量 家具 负责 不 展销会 的

____

148 王老师 复制 为 磁带 考试 负责 由 我们 的

____

149 仔细 统计 对 数字 你 算算 对 再 的 不

____

150 柜子 把 质量 劈 那个 我们 检查 开 要

____

151 已经 下午 今天 公布 数字 出去 统计 了

____

152 奇特 吸引 顾客 那 香味 了 以 酒 种 的 不少

____

153 老 学者 买 的 虫子 过 被 那 咬 位 蔬菜 专门

____

154 一番 好处 宣传 彩票 大家 我们 了 买 向 的

____

155 合格 质量 种 的 保证 产品 这

____

156 那里 被 景色 我们 了 吸引 美丽 住 的 都

____

157 事 没 大家 出 做 居然 种 想到 他 会 这 来

____

158 种 值得 情况 我们 确实 很 注意 这

____

159 能 坚强 戒烟 毅力 检验 人 是否 的

____

160 大家 吸烟 空气 应当 都 的 权利 不 尊重 呼吸
新鲜 者

____

161 到处 利用 你们 虚假 公司 广告 骗人

____

162 药量 按照 你 吃 应该 大夫 药 的 规定

____

163 业务 很 了 留学生 就 快 们 水平 提高

____

164 就 没 自己 他 那么 淘汰 被 想 到 快 了

____

165 机会 他 了 学习 差点儿 出国 失去 的 这次

____

166 你 请 自由 的 以后 别人 干涉 不要

____

167 联系 还 以前 他 的 跟 经常 同学 现在

____

168 时间 考虑 总得 一些 我 给 一下 你 吧

____

169 聊天 是 他 朋友 经常 我 跟 的 之一

____

170 去 人 旅行 外地 暑假 不少 到

____

171 麻烦 是 小李 老王 添 故意 给 分明

____

172 感动 他 大家 行为 被 勇敢 所 的

____

173 工作 好 起来 管 把 能够 管 都 应该 的

____

174 人 弄虚作假 爱 大 吃 亏 的 要 总 的

____

175 一连 款 被 几次 警察 了 那个 罚 好多 司机 违章

____

176 起来 哪儿 怎么 也 不 过 了 我 见 在 想 她

____

177 作业 饭 把 吃 做 完 不 即使……也…… 我 要

____

178 长城 友谊 我们 爱 建起 用 要 的

____

179 不 什么 对……来说 保罗 困难 了 这点儿 算

____

180 快 就 适应 很 他 环境 了 的 这里

____

181 完全 对……来说 这次 小王 偶然 事故 是 的

____

182 说话 大声 在 她 场合 任何 都 不顾 别人 地

____

183 希望 一线 哪怕……也…… 放弃 只有 我们 该 努力 的 不 最后

____

184 做 事 这件 不 愿意 你 自己 为难 别 千万 了 就

____

185 从来 他 这么 没 的 过 场面 见 热烈

____

186 落后 掉 淘汰 的 早晚 机器 的 被 要 这种

____

187 你 轻易 这样 的 他 地 要求 为什么 答应 呢

____

188 班长 意见 的 起来 想 向 把 大家 老师 集中 反映

____

189 小明 都 很 可以 安排 了 自己 事情 多

____

190 也 一个 老师 字 没 留 作业 的 今天

____

191 的 他 后 受到 反而 赞扬 死 了 人们

____

192 了 小心 科长 这个 不 把 出去 秘密 说

____

193 有 这 关于 事 有 同意 件 人 反对 人

____

194 喊 他 受 才 不了 实在 大声 起来

____

195 这些 才 能 蔬菜 经过 上市 必须 检验

____

196 了 他 比赛 在 淘汰 轮 被 中 第二

____

197 40 从事 已经 多 了 张 教学 教授 对外 年 汉语 工作 的

____

198 了 爷爷 苹果 在 竟 不料 树 随便 院子 活 种 里 一棵 了

____

199 始终 初中 之一 同学 杨军 联系 的 和 是 保持 我

____

200 吃亏 现在 自己 却 有的 顾客 只顾 让 商家 赚钱

____

201 怎么 告诉 你 我 是 我 知道 即使 一回事 不 也 到底

____

202 好 的 病 再多 了 治 他 吃 就是 好 药 也 的 不

____

203 承认 已经 他 所 学术界 研究 成果 了 被 的

____

204 别的 了 这 马力 话 把 的 理解 我 成 意思 句

____

205 了 是否 蔬菜 仔细 他 检验 地 污染 正在 受到

____

四、用适当的词语填空

训练目的：

训练学习者在所掌握的词语的基础上，根据所给的上下文内容正确地选词、用词的能力。

答题思路：

学习者首先要弄清所给出的内容，通过所给出的条件，自己要明白这个句子在说什么，然后再根据上下文来判定该填入什么词。如果遇到有哪个空还不知道该填什么，千万不要在这个空上耽误时间，可以先把自己熟悉的部分填上，然后再考虑没有填出的空应该填什么词。

1 在今后的工作中，______遇到什么困难，你都要______下去呀。

2 老李最近事情太多，忙不______，你让他办的那件事过些日子他才能______你办。

3 因为跟他合______，所以我搬到别的宿舍去住______。

4 我______把他们的事说______。

5 她非常______这次留学的机会，表示______有什么困难，都要好好学习。

6 她______是个小孩儿，你不该______骂她。

7 我一连跑了十几家书店______没买到那本词典，______打了辆车回学校了。

8 小王______了无数困难，他对完成这个任务______了信心。

9 在车上，我找到了一个座位，可是______抬头，看见一位抱孩子的妇女，______站起来给她让座。

10 他______二十五岁，就已经______上爸爸了。

11 我真想______人打听一下儿，可就是遇不______人。

12 我明天______出门，去______老朋友聚一聚。

13 ______给我寄几块红薯，孩子跑了五十多里山路，邮局的阿姨______不让寄。

14 ______我们团结，就可以形成一______力量。

15 要是让警察碰见，______会被罚款，______得挨训。

16 阿里看______一天书，累得______。

17 我怎么______想不______护照放哪儿了。

18 他______作业本上撕______一张纸。

19 这么容易的题他______做______了。

20 ______他自己也有困难，______他仍然热情地帮助别人。

21 听说你考上了研究生，我______心里______你感到高兴。

22 他的病非常______，______治好的可能。

23 为了把东西卖______，他在报上______了广告。

24 厕所里有一______臭味儿，我______不想进去。

25 ______新时代的年轻人，我们应该牢固______法制观念。

26 ______你的汉语水平，你一定能考______那所大学。
27 最近，我的事太多，忙不______，这件事你能帮我做______吗？
28 她买的东西肯定不______爸爸的心意，还是______他自己去买吧。
29 风那么大，冷得______，我们今天______去他那儿了。
30 明天早上五点______出发，______太早了吧？

31 ______你愿意不愿意听，我______要说。
32 大家安慰了小王______，他才慢慢冷静了______。
33 ______半年的减肥，他总算是瘦______了。
34 这个商店的东西______是贵了一些，可跟那个商店比还______是便宜的。
35 她觉得______难为情的，所以故意避______了大家。

36 请你______他帮个忙，他实在忙不______了。
37 孩子小学______没读完______停学了。
38 我认识他，______一时想不______他的名字了。
39 ______祝贺他的生日，妻子______他举办了生日晚会。
40 那个商人______治好了母亲的眼睛，______赚了一大笔钱。

41 他把书塞______书包______离开了教室。
42 去你家骑自行车不远______不远，______我还是要打车去。
43 这件事______不好办，咱们管______了。
44 我______这次考试自己考得不错，没想到______只考了六十分。
45 你们俩之间有意见______有意见，______不要影响工作。

46 张华看了______商店的牌子，______就走了进去。
47 老马______了三天时间______把那件事弄清楚。
48 你______知道他这样做并不是______你。
49 他父亲的病______严重，______治不好了。
50 我们恋爱______两年了，明年______结婚。

51 ______学过的汉字他______会写。
52 ______准备得很充分，所以做起题来他显得很______。
53 老王______就来，请你______等一会儿。
54 今后______什么时候，______走到哪里，我都不会忘记你的恩情。
55 今天______盼到了她的来信，______还有一个小包裹。

56 他虽然不______吃，但对穿______很注意的。
57 他的态度______是不同意你去，你______一定要去呢?
58 家里的水果都吃______了，妈妈今天______买了几斤。
59 天气______还好好的，没想到现在______起风了。
60 ______收音机已经坏了，但有的零件还可以用，把那些有用的零件拆______吧。

61 今天早上我______出门______看见了一起交通事故。
62 我把老师______材料扔______了。
63 工作了一周真是累______，我______好好地休息一下。
64 今后你______遇到什么困难，______要坚持下去。
65 这件事情现在______没有决定，请你不要说______。

66 这些工作我一个人忙不______，你还是帮我______吧。
67 ______计划改变了，我______用电话马上通知你。
68 在那儿我们买______去广州的火车票，最后______坐汽车回来了。
69 ______他来说，房租是一个很大的______。
70 我很______这次机会，一定要______任务完成好。

71 安娜洗完澡后______换下来的衣服都洗______了。
72 他______是个孩子，你们______这样对待他?
73 朱老师把______买回来的东西又退______了。
74 现在______是春天了，天气不会______冷了。
75 今天______ 28 度，不______太热。

76 他______爱吃这种菜，______不会做这种菜。
77 ______你亲自去请她，她______会来。
78 马丁听______母亲病重的消息，______不知怎么办才好。
79 同学们上了四节课，累极了，______下课______都离开了教室。
80 天气______不是很冷，李明______穿了很多衣服。

81 大会______结束，他______走了。
82 他们几个人______了很长时间商量这件事，最后______有了统一的意见。
83 你们劝______张明，他正为考不好______难过呢。
84 几个坏人突然冲______银行，小王不由一惊，但马上就镇静了______。
85 他没想到今天会______批评，心中______十分委屈。

86 我这一生遇到过各种各样的______，但我______没有害怕过。
87 他说突然病了，明天的会他不______来，分明是故意找______。
88 请等小王______，他马上______来。
89 ______儿子死了，老太太大哭了______，现在平静了一些。
90 高中毕业后，他终于______了自己的愿望，考______了大学。

91 我______走到哪里，______不会忘记你的名字。
92 我______知道他会说法语，没想到他______会说汉语。
93 我喜欢那个苏州女孩儿，______因为她漂亮，______因为她性格很好。
94 他笑着______我说了声“再见”，转身______上了车。
95 这场大雨______下了半个小时了，我看你还是______等一会儿吧！

96 他不是故意______，你就______他吧。
97 从他的身______，我______到了一个父亲对女儿最真挚的爱。
98 今天______起床我就______身体比以前好多了。
99 ______期末考试不及格，但他还______装出无所谓的样子。
100 他______着自己的能力考______了清华大学。

101 你一定要______推荐书上的错字改______。
102 春天，爷爷在院子里______种了一棵树，______竟活了。
103 司机吃完饭，得______休息一下儿，______去送你们。
104 ______调查，这次事故是______吸烟造成的。
105 张经理批评小王不该把他们的秘密说______，小王委屈得______。

106 我______把洗好的衣服挂到外边______下起了雨。
107 ______是你自己能做的事，就不要______麻烦别人。
108 ______治好母亲的老毛病，他______从城里请来了一位名医。
109 我不是说应该给客人______买什么好吃的，不过茶水______要准备吧！
110 ______生活水平的提高，人们______讲究食用绿色蔬菜了。

111 你们有意见______有意见，工作______得做好。
112 他______把这个消息宣布出去，人们就______鼓起掌来。
113 我们先______这次考试的问题，然后______讲新课。
114 刚才我在这儿______看见他了，______会骗你？
115 ______非常熟悉的人______不能开这种玩笑。

116 ______来北京旅游的人，______想去游览长城。
117 我______进家门，就接到了姐姐______学校打来的电话。
118 ______发生了问题，谁也负______这么大的责任。
119 经理______大家的意见后，又修改了______。
120 ______下了三天雨，这儿的道路实在______走。

121 ______家里太贫穷，他______多次停学。
122 ______说，张英今年不______考大学了。
123 他是个大学生，做出这种事情______，真______人不可理解。
124 他______说，大家就______做。
125 我虽然______他得罪了，但已经向他______了。

126 安娜______第一次来北京，但对北京的情况却很______。
127 因为下了三天雪的______，这儿的道路特别______走。
128 他上个月______了烟，______我们看不见他抽烟了。
129 ______什么人，都不能______这儿的环境。
130 这件衣服______给你买的，______给妹妹买的。

131 夏天已经______了，可是这儿______这么热。
132 这部电影的内容______也不吸引人，可是演员______不错。
133 ______对外汉语教学的教育工作者，______应当懂一门外语。
134 不吸烟者有______新鲜空气的权利，应当受到______。
135 我______是想跟他开个玩笑，不料他______生气了。

136 她看______才二十多岁，______已经快四十了。
137 ______自己的妻子和孩子，他______都不顾了。
138 她______不打扮，不知道为什么，今天______打扮起来了。
139 交学费需要一______钱，我要______放假去打工赚钱。
140 我______他看作是自己的老师，非常______他。

141 那座大楼建成______，我校留学生住的问题______解决了。
142 我们______尾数都没对上，______中什么大奖了。
143 你准备______朋友带点儿什么礼物______？
144 ______不被罚款，______要遵守交通规则。
145 我______初次来北京，______对北京并不感到陌生。

146 他的画卖______了很多，卖的价钱也______高。
147 几年不见，我______他的名字都想不______了。
148 他______镇静了一下儿，______讲起了事情的经过。
149 这种水果______不怎么样，______好吃着呢。
150 有困难也______跟我说，我怎么帮得了你的______？

151 我______这个假期打工的报酬都捐______了"希望工程"。
152 小李______坐火车来的，______坐飞机来的。
153 ______再忙，你______应该找时间去看看他。
154 他______没来过中国，______会对中国这么熟悉呢？
155 他对什么都______好奇，______他是第一次来中国。

156 他______那些不用的书收拾______了。
157 因为他______也不承认错误，妈妈把他批评了______。
158 我恨我自己那么轻易地就______了他，现在______也晚了。
159 你做什么事都应该先______别人考虑，不要______考虑自己。
160 陈教授______教育工作已经有50年了，很受学生们的______。

161 你怎么轻易就______了这么好的机会呢？你不知道别人是多么______这个机会啊。
162 你怎么能______这件事宣布______呢？
163 病人的病已经非常严重了，如果得不到及时______，后果将非常______。
164 ______是你，______是专家，也弄不明白这个问题。
165 ______参加这次活动的人，______能得到一件礼物。

166 阿里的汉语说得就______中国人______。
167 ______他只有二十来岁，可说起话来______像个中年人。
168 我______认出了玛丽，______没跟她打招呼。
169 这么重要的问题不能随便决定______，领导还要认真研究______。
170 他生病住院了，我们大家都很______他，______决定一起去看看他。

171 钱不是已经存______银行里了吗？你______还不放心？
172 我______是想跟他开个玩笑，______她却真的生气了。
173 他跑______很快，像飞______。
174 他______会书法，______也会画画儿。
175 ______刮风下雨，他每天______要出去走走。

176 他的普通话说得太差______，我怎么听______听不懂。
177 你______努力学习，______一定能学好外语。
178 老师说我这次考试进步______，但我还是觉得不______满意。
179 别跑了，你______跑得再快，______追不上他了。
180 大家______同意明天去北海，可安娜______要今天去。

181 你一定要______护照放好，千万______丢了。
182 ______考试没通过，现在他烦得______，你别去找他。
183 谁叫你干的你______找谁去，我可管______这事。
184 这道题实在是太难了，我______想也想不______。
185 ______你一个人反对，______大家都反对，我也还是要去。

186 这个人______这样马马虎虎的，真______人没办法。
187 我们不想______他去，可他______要去。
188 我的自行车______别人借走了，我______坐公共汽车去了。
189 你______把我打死，我______不会告诉你。
190 ______得到这个机会，我______所有的办法都用上了。

191 我不______你吸烟是______你的身体健康。
192 ______这儿骑自行车去天津______需要八九个小时。
193 你身上带着______多钱，______碰上坏人怎么办？
194 ______刮风下雨，他每天______给邻居王大妈倒垃圾。
195 他的意见______不合理，让大家______接受。

196 ______我了解，昨天晚上播送的那条新闻______是假的。
197 你______每天坚持锻炼，身体慢慢就会好______的。
198 ______出发时我忘了把我的数码相机带______了。
199 阿里的父亲______很有钱，但在生活上______不怎么讲究。
200 他______没有说假话，我______你保证。

五、判断下列句子对错

训练目的：

训练学习者辨别句子是否符合语法规律及语义逻辑的能力。

答题思路：

学习者首先要把句子从头到尾看一遍，根据自己的语言功底和平时积累的汉语语法知识，凭自己的语感进行判断。如果初步感觉这个句子很顺畅，没有别别扭扭的感觉，那就可以判断为正确；如果觉得很别扭，那就需要再三考虑。另外，自己要清楚错误的句子主要错在哪里。可能是主、谓、宾的位置不对，可能是虚词用法有问题，可能是词语搭配上有毛病，也可能是语义上不符合逻辑等。在判断的过程中，把自己有把握的句子先完成，拿不准的慢慢再推敲。

答题要求：

对的在方框中画√，错的画×。

□ 1 看起来，张华很喜欢穿时髦的衣服。
□ 2 会谈中，始终充满了友好的气氛。
□ 3 无论我很喜欢他，他也不喜欢我。
□ 4 我来中国学习不觉已有一个多月了，时间过得可真快啊！
□ 5 他家里出事了，他哥哥下星期结婚，所以他要回国。

□ 6 要在这所大学毕业是不轻易的，你可得努力啊！
□ 7 同学们都非常讲究自己的学习成绩。
□ 8 她不仅是一个好母亲，而且还是一个好老师。
□ 9 我能听懂中国人说的话了，所以我高兴得慌。
□ 10 请你帮忙我搬一下东西，我一个人实在忙不过来。

□ 11 她认为只有努力学习就对得起父母。
□ 12 她很聪明，轻易地写作业。
□ 13 他一天要跟她见面三次，少一次也受不了。
□ 14 没去过外国的人未必就不懂外语。
□ 15 我可不敢骑着车在人群里钻过来钻过去。

□ 16 读了半天生词，我差点儿忘了去给朋友寄信。
□ 17 我把那个人当作售货员了，所以跟他说："再便宜点儿吧！"
□ 18 凡是接触过老王的人，有人说他对人很热情。
□ 19 他差点儿晕倒了，好半天才渐渐清楚回来。
□ 20 你穿上这件漂亮的衣服，显得一个演员！

□ 21 今天是妈妈的生日，你应该亲手做饭吧！
□ 22 我简直很想她，真希望能一下子见到她。
□ 23 大家都称赞他是一个好学生。
□ 24 你妈妈病了，你赶忙回家吧。
□ 25 他借口生病没参加考试。

□ 26 来中国前，他连工作带学习，非常忙了。
□ 27 来中国不觉已三个多月了，我对妈妈心里想得慌。
□ 28 北京的天气怪干燥了，应该每天每天喝水。
□ 29 听了朋友的劝告，她才慢慢冷静下来。
□ 30 你帮我找一下刘老师，好吗？

□ 31 这次的工作难归难，交给我们的任务还得完成。
□ 32 我算他不是个好学生，因为他总是故意迟到。
□ 33 看到他，她踌躇地站住了。
□ 34 因为同学们要求，我们把明天的会全都取消了。
□ 35 现在，人民的生活水平富裕了。

□ 36 尽管遇到什么挫折，你都要坚持下去。
□ 37 上大学以后，她讲究起来穿着。
□ 38 过春节的时候，很多中国人都要串亲戚。
□ 39 他谁都不服，就服老校长。
□ 40 “我给你叫去。”师傅说完就冲左边喊起来。

□ 41 跟你们一起生活，我感受到了很多教育。
□ 42 这一切都是我应该做的，不算是负担。
□ 43 我们的老师特别讲究礼貌。
□ 44 我分明对你说过，你怎么说没听说过？
□ 45 我让他一起去，他却不去，我生他的气起来了。

□ 46 你别总是往抽屉里乱塞东西，抽屉里都快放不下了。
□ 47 因为变化，这次会议不得不取消了。
□ 48 他既聪明又努力，没有人不喜欢他。
□ 49 他马上迈上自行车，飞快地骑走了。
□ 50 她经常闭门不出，所以朋友很少。

□ 51 他因为撒谎而爸爸批评了他。
□ 52 小王每天都没来上课，怎么会取得好成绩呢？
□ 53 既然他坚决反对，那就不要勉强他了。
□ 54 说起差不多先生来，几乎没有一个不认识他的。
□ 55 看到这种情况，他真生气得慌。

□ 56 他躺着床上，一边听音乐，一边看书。
□ 57 因为在大学期间下了苦功，我大学一毕业就找到了好工作。
□ 58 看到一位老人上了车，阿里马上让了他座。
□ 59 对这种现象，我们要认真加以研究。
□ 60 他分明是在骗你，不要相信他！

□ 61　前几天他得了一场大病，差点儿不死了。
□ 62　我无论怎么向他道歉，他都不肯原谅我。
□ 63　你得承认他是不得不这样做的。
□ 64　好久没见到我弟弟了，还真有点儿想得慌。
□ 65　我算不了解北京小胡同人，因为我很少跟他们接触。

□ 66　在大家的帮助下，三个失学儿童又重新回到了校园。
□ 67　他到国外学习不觉已经半年多了。
□ 68　你去招呼客人，我到去厨房做饭。
□ 69　他一睡觉得不好就头疼，你千万别去打扰他。
□ 70　丁力既小心又喜欢帮忙人，怎么会出事呢。

□ 71　你再想看一遍吗？我可以帮你买票。
□ 72　老李每天坚持锻炼身体，他很不轻易感冒。
□ 73　对于这些年轻人来说，这点儿困难算不了什么。
□ 74　他迟到既然不是故意的，你何必又怪他呢？
□ 75　这件事对谁都不能说下去，否则后果严重。

□ 76　他虽然说得不太清楚，但是头脑清醒得很。
□ 77　我们应该承认事实，不要故意避开问题。
□ 78　谁有困难他都热心地帮助，尽管他自己也很忙。
□ 79　老王大病了一场，现在身体还需要恢复起来。
□ 80　这些问题领导已认真研究过了，可还没有解决的办法。

□ 81　小张急忙往衣柜里掏出件衣服，穿在身上就走了。
□ 82　你需要镇静地考虑一考虑，这个问题到底怎么解决更好。
□ 83　她虽然失败了，但眼中仍然充满着希望。
□ 84　这次学校组织我们去农村参观，改变了我多年来对农村的印象。
□ 85　经过朋友帮忙我，这次考试顺利通过了。

□ 86 认识小明的人，都称赞他是个刻苦学习的好孩子。
□ 87 小李毕竟不是孩子了，他不会轻易相信别人说的话。
□ 88 明天我看完了电影，就去机场接朋友了。
□ 89 安娜学习特别努力一点儿，所以她汉语说得像中国人。
□ 90 他突然感受到一种沉重的压力。

□ 91 小李做事总是很容易，一点儿也不慌忙。
□ 92 他只是一时激动，过一会儿就好了。
□ 93 他谈过不少女朋友，可就是没结婚过。
□ 94 周末不出门，我在屋子里闷得急。
□ 95 跟他打过招呼以后，我就坐了下来。

□ 96 他考试拿个第一毫无问题，你就甭担心了。
□ 97 一定要加以解决毒品问题。
□ 98 我以为做这事很容易，其实很难。
□ 99 对这儿的环境，病人来说太闹了。
□ 100 语言这东西不是轻易可以学好的，非下苦功夫不可。

□ 101 这么很重的行李，我一个人拿不了。
□ 102 好像刚工作一会儿，不觉就到中午了。
□ 103 他仔细地对前面看了一会儿才走过去。
□ 104 看起来他非常高兴，因为他的妻子出生了孩子。
□ 105 你们还差不多十分钟，请做完的同学再仔细地检查一下。

□ 106 他是个努力的学生，吃完饭后一学就是三个多小时。
□ 107 凭他现在的汉语水平，找到用汉语的工作不容易。
□ 108 他又要去买东西，又要去看朋友，谁也不知道他到底要干什么。
□ 109 我病了，怪不得我今天没来上课。
□ 110 你别着急，这事有我呢。

☐ 111 他轻易地就跳过了 1 米 80 的高度。
☐ 112 我反反复复地念了好几遍，才把这个问题回答出来。
☐ 113 我简直地说："我讨厌他。"
☐ 114 刚学会开车时，我就一次出事了。
☐ 115 我进去他的房间时，他正在休息。

☐ 116 经过几个月的等待，我终于盼到了他的来信。
☐ 117 我的朋友去年结婚了一个中国姑娘。
☐ 118 尽管花了很长时间，我把小王的地址还是没找到。
☐ 119 他样样事情都看得开，想得通。
☐ 120 人上了年纪，做起事来就感到力不从心。

☐ 121 我凡是生病的时候，她都来照顾我。
☐ 122 我从来不勉强别人做什么事情。
☐ 123 我们刚回来，你怎么才回来这么早。
☐ 124 考试的时候，我稍稍紧张了半天。
☐ 125 这件事让人想起来怪伤心的，你就别再问了。

☐ 126 这个人样样事情考虑得都很精细。
☐ 127 随着生活水平的提高，现在人们都很注意计较身体的营养。
☐ 128 我要去坐公共汽车看朋友，而他则要打的去故宫。
☐ 129 我们反复讨论，研究了好几次，最后终于解决了这些难题。
☐ 130 我来到北京不觉已有三个多月了。

☐ 131 领导终于满意了他的要求。
☐ 132 他把我在黑板上写的字没有看清楚。
☐ 133 只要努力学习，汉语水平会慢慢高起来的。
☐ 134 我排了老半天队，好不容易才买到一张去上海的火车票。
☐ 135 厂长后天有一个十分重要的会要开。

☐ 136 我从不把今天可以做完的工作放到明天去做。
☐ 137 阿里期中考试不及格，期末考试再不及格了，怎么能升级呢？
☐ 138 我个人认为他不是个很有知识的人。
☐ 139 今天上午张朋不吃饭就跑出去了，也不知道是怎么回事。
☐ 140 你这一声叫差点儿没把我吓死，你就不能小声点儿吗？

☐ 141 请你稍稍帮我的忙一下，好吗？
☐ 142 她的汉语水平很高，翻译这么简单的文章很轻易。
☐ 143 老是做同样的游戏，未免太没有意思了。
☐ 144 凡对人民做过好事的人，我们都不应该把他们忘记。
☐ 145 我得处理完这件事才能离开，请你再稍等一下。

☐ 146 班长把全班同学招呼到一起，商量周末旅游的事。
☐ 147 我知道他家的情况一点儿，可以给大家介绍一下。
☐ 148 父母给他的钱，他都花在酒吧里，真不像话了。
☐ 149 我已经向你说完对不起了，你怎么没完没了呀？
☐ 150 这种误会，我真不知道该怎么跟她解释才好。

☐ 151 无论我爱他，反正他不爱我。
☐ 152 常老师招呼我们先到他办公室坐一会儿。
☐ 153 她结婚以后，一直联系她的姑姑。
☐ 154 寒假期间，凭学生证可以购买半价火车票。
☐ 155 王小明讲究过分衣着打扮。

☐ 156 她拒绝始终告诉我那件事的经过。
☐ 157 你得承认他不得不这样做，并不是有意为难你。
☐ 158 我明天要去帮忙朋友搬家，不去玩儿了。
☐ 159 他的小儿子不仅仅会开车，而且还能修车。
☐ 160 大刘因为怕得感冒而不停地喝水。

☐ 161 我算是明白过来了，感情问题是不能勉强的。
☐ 162 他们俩生气过，打架过，但最终还是结婚了。
☐ 163 她不仅是个好母亲，而且还是个好经理。
☐ 164 我从来去过那个地方。
☐ 165 无论我这样很喜欢他，他还不喜欢我。

☐ 166 通过节食和运动，他总算瘦下来了。
☐ 167 这样的天气是很容易得感冒的。
☐ 168 考试得了八十五分，真让人高兴得慌。
☐ 169 那个人说的家乡话我似懂非懂。
☐ 170 他的病非常严重，毫不治好的可能。

☐ 171 他曾经帮忙过我三次，我一直很感激他。
☐ 172 他在过马路时，被车差点儿没撞倒。
☐ 173 他总是轻易地相信别人，所以受到了欺骗。
☐ 174 她终于控制不住自己的感情，哭了起来。
☐ 175 小王经常撒谎，从而我们不信任他。

☐ 176 昨天，我差点儿就没见面我的朋友。
☐ 177 他分明是在骗你，你怎么能相信他呢？
☐ 178 那首歌听起来怪让人伤心的，就别放了。
☐ 179 他们打去年就开始准备这次会议了，肯定不会出什么问题。
☐ 180 昨天我去了看我爱人上个星期认识的朋友。

☐ 181 我突然发现小偷把很多值钱的东西都给偷走了。
☐ 182 我知道他已经习惯了天天上课迟到，所以也就不再说他了。
☐ 183 写这篇文章我花了六个小时才完成了。
☐ 184 说实话，要把这个坏毛病改回来确实很不容易。
☐ 185 他对学生总是那么关心，简直无微不至。

□ 186 我坐了好半天也不见有人来找我，只好一个人走了。
□ 187 这究竟是怎么一回事，谁也说得清。
□ 188 这个计划经过反复讨论，总算定起来了。
□ 189 老赵骗了我那么多年，现在我才明白过来。
□ 190 我去安慰张朋一下儿，你们先走出去吧！

□ 191 北京的气候怪干燥了，我每天都要喝很多的水。
□ 192 举办单位为什么任意取消我们的展出资格？
□ 193 我的朋友从来不亲自表达自己的感情。
□ 194 从小就应该养成讲文明、懂礼貌的好习惯。
□ 195 他们的产品质量是经过严格检验的。

□ 196 姑姑变得如此敏感，真让人难以相信。
□ 197 我已经道歉他了，可是他仍然不原谅我。
□ 198 不管遇到什么情况，你都应该保持头脑清醒。
□ 199 我病了，没有去香港旅游，很大的吃亏。
□ 200 买了件衣服不能穿，这钱花得真委屈。

□ 201 对这个简单的问题来说，我觉得不难处理。
□ 202 既然知道批评错了，就应该去道歉他。
□ 203 这几天一连下雨，我真担心爸爸开车出事。
□ 204 我被他的精神所感动，不由得流出了眼泪。
□ 205 老人毕竟退休了，钱不多，花钱还得好好算一算。

□ 206 当翻译是我喜欢的之一职业。
□ 207 要是考试时间有变化，我肯定提前跟大家打招呼。
□ 208 你能不能帮我把这首外语歌曲翻译过来？
□ 209 我把王师傅看作自己的老师，凡事都跟他商量。
□ 210 尽管我从事翻译工作多年，却并不感兴趣外语。

- □ 211 损失是你们造成的，应该由你们赔偿。
- □ 212 这些钱是我们几个同学凑的。
- □ 213 到了朋友家，我敲着敲着门，叫了叫了他。
- □ 214 难怪他父亲是老板，他有那么多钱。
- □ 215 妈妈叫他出国学外语，他偏偏听。

- □ 216 大家都认为小王办事最仔细。
- □ 217 我因为不习惯这儿的气候，每天都要很多地喝水。
- □ 218 举办展览的单位为什么不允许我们参加展出？
- □ 219 不管遇到什么困难，我们都要坚持下去。
- □ 220 我觉得帮忙修车的小伙子非常好的人。

- □ 221 同学们特地为他开了一个生日晚会。
- □ 222 公共汽车上主动给老年人让座的人很多。
- □ 223 我告诉他，这是个开玩笑。
- □ 224 他的学费是我们几个人给他凑的。
- □ 225 他很计较我对他的态度。

- □ 226 我放照相机在我的背包里。
- □ 227 很多人就是从赌博走向了犯罪。
- □ 228 吸烟上了瘾就很难戒掉。
- □ 229 他帮忙我翻译了几个句子。
- □ 230 我不会为这点儿小事生气起来的。

- □ 231 他们下决心，保障完成任务。
- □ 232 老师只有一张电影票，小张、小王都要去看，使老师很为难。
- □ 233 凡是爱情小说之类的书老王都爱看。
- □ 234 不料小明今天竟然拿到了第一名。
- □ 235 请你把写好的文章给我看。

☐ 236 老板用他服务态度不好，借口辞退他。
☐ 237 凭他的业务水平，有资格参加这次会议。
☐ 238 由于陈光来晚而使老师批评。
☐ 239 如果你不做好准备，就无法把握住机会。
☐ 240 我喜欢这些吸引人的广告。

☐ 241 这儿的工作由老王负责。
☐ 242 我已经道歉他了，他还是对我有意见。
☐ 243 我一听马上就明白了他的意思。
☐ 244 这本小说写得很感动人，我禁不住哭不停。
☐ 245 这么好的机会被他轻易地放弃了。

☐ 246 我对学习好的同学常常嫉妒一点儿。
☐ 247 人们吃受了污染的蔬菜就能生病。
☐ 248 我弄不明白他为什么一直冲着我笑。
☐ 249 她对我很关心，还买给我喜欢吃的水果。
☐ 250 你去不去他的家，反正我去。

☐ 251 老师说不要迟到，可是他照样还是迟到。
☐ 252 他已经意识到自己错了。
☐ 253 这个词我怎么记也记不住，无可奈何记下去。
☐ 254 连学生也老师都参加了那次活动。
☐ 255 这个故事甚至连小孩子也知道得很清楚。

☐ 256 我买的电视机保证五年修理。
☐ 257 这瓶啤酒是假的，我们必须得到顾客的赔偿。
☐ 258 我喜欢买工具之类。
☐ 259 还是打电话问问他吧，万一他今天回不来呢。
☐ 260 据说，那个人最近又结婚了。

☐ 261 连她妈妈都不喜欢她，就别说别人了。
☐ 262 即使你不去，我都会去的。
☐ 263 他看问题比较客观。
☐ 264 他很热情地邀请我，我难以拒绝，只好去了。
☐ 265 下个月考试，你要趁着早准备。

☐ 266 这个答案显然是错的。
☐ 267 他长得很难看，衣服倒穿得很漂亮。
☐ 268 我去王府井特地为朋友买生日礼物。
☐ 269 因为紧张的缘故，他连话都说不出来了。
☐ 270 难怪他对画展感兴趣，他要去看画展。

☐ 271 他十几个小时一连工作了，还能不累？
☐ 272 老师让他隔一行写一行，他仍旧连着写。
☐ 273 大家都是朋友，见了面总得打声招呼。
☐ 274 我很忙，况且太累，去看什么电影！
☐ 275 我急忙跑到楼上去找老李，不料他在。

☐ 276 妹妹哭着喊着要跟妈妈去旅行。
☐ 277 能够得到如此信任，我们无比兴奋。
☐ 278 姑娘坐在轮椅上，显然一个残疾人。
☐ 279 咱们也买几张彩票吧，万一中奖了。
☐ 280 朱力腿有残疾，却走得比我快。

☐ 281 报纸上刊登了一条来自山沟的消息。
☐ 282 按调查，全市有一百万人坐公共汽车上下班。
☐ 283 我坐着轮椅，不能进去那个雅座房间吃饭。
☐ 284 别再怪我了，我已经去道歉他了。
☐ 285 他整夜没睡好，总是似睡非睡的。

☐ 286 我怎么不能相信那个不实事求是的广告。
☐ 287 我喜欢自由的工作，不能去公司做秘书。
☐ 288 我们自己动手在房前那片空地种上了花草。
☐ 289 他也不看我一眼，好像屋里没我这个人似的。
☐ 290 我们是好朋友，难道我会怀疑你吗？

☐ 291 他是广东人，于是不会说普通话。
☐ 292 今天本来有课，老师不料却没来。
☐ 293 我怎么跟他解释他也不相信。
☐ 294 他们俩都挺忙，平时谁也见不着谁。
☐ 295 我一个人在家里忙开了，菜摆了一桌子，够丰盛的。

☐ 296 昨天，他借口了去接朋友没参加这次活动。
☐ 297 老师批评了小王，因为他这几天一连迟到。
☐ 298 我们聊得很高兴，不觉已是半夜了。
☐ 299 我有事，他们另又派了一个人去。
☐ 300 企业重视产品质量，是为了提高经济效益。

☐ 301 谁能选择报酬这么少的工作呢？
☐ 302 你为什么不愿意去见面他呢？
☐ 303 阿里故意大声唱歌，怎么说他也唱不停。
☐ 304 老师，您能把刚才的录音再放吗？
☐ 305 他们俩谁不比谁差。

☐ 306 这次活动照例在八月份举行。
☐ 307 谁也不知道今天老李是否能来。
☐ 308 你应该客观地分析一下失败的原因。
☐ 309 认识他的人都觉得他很好的人。
☐ 310 我是否能跟张教授见上一面？

☐ 311 我不仅会说法语，他也会说法语。
☐ 312 由于飞机晚点，我朋友未能按时出发。
☐ 313 今天我稍稍吃了多一点儿，所以肚子有些不太舒服。
☐ 314 这件事我偏偏帮不了你的忙。
☐ 315 两个数字太相近，一不小心就拨错了电话号码。

☐ 316 她不但不会说韩语，反而会说日语。
☐ 317 我必须每星期一次给父母打电话。
☐ 318 头一次见面的陌生人，怎么能轻易相信呢？
☐ 319 阿里期中考试不及格了，期末考试再不及格吗？
☐ 320 这次我们外出旅游，一路挺顺的。

☐ 321 外语学院的教师很多都在过外国学习。
☐ 322 开车容易极了，只要用心，一学准会。
☐ 323 在中国，《达坂城的姑娘》是一首非常有名的歌曲。
☐ 324 中国跟许多国家很有友好关系。
☐ 325 何必送这么多礼物呢，表示表示就行了。

☐ 326 谁也不用担心，听我的没错。
☐ 327 晚上我们在小花园里说了说，笑了笑，一直到深夜。
☐ 328 我是看着这孩子一天天长大的，难道还不了解他吗？
☐ 329 他的同屋去飞机场送行朋友了。
☐ 330 他父母来看他了，难得他今天这么高兴。

☐ 331 我本来是跟她开玩笑，不想到她却生气了。
☐ 332 黄教授做事教育工作已经 45 年了。
☐ 333 只要肯干，就会干出成绩来。
☐ 334 作业要尽量自己做，实在不会再问别人。
☐ 335 工作服的式样、颜色，由于大家讨论决定。

☐ 336 他曾以知名学者的身份访问过好多国家。
☐ 337 大家玩儿得非常过瘾，彼此也更加了解了。
☐ 338 你到底道歉人家了没有？
☐ 339 这种药你至少还要吃一周。
☐ 340 今天天热，你还是少穿一件衣服吧。

☐ 341 北京比那个城市非常大。
☐ 342 他一会儿就给你打电话，你千万别出去。
☐ 343 一看到考试题，学生们就觉得有些难一点儿。
☐ 344 这道题没有一个学生答对，只有强强同学对了。
☐ 345 如果碰运气得好，彩票就能中奖。

☐ 346 广告有的真实，有的不真实，你怎么全都相信？
☐ 347 找得到找不到工作最重要的是看一个人有没有能力。
☐ 348 你一直努力的话，一定能把大学考得上。
☐ 349 每一个人都有保护环境的责任。
☐ 350 到了朋友家，我敲着敲着门。

☐ 351 你的工作忙过来吗？
☐ 352 老李大致把泰国的情况给我们介绍了一下。
☐ 353 张华以个人的名义向希望工程捐了一万元。
☐ 354 张先生已经把那本英文小说翻译成中文了。
☐ 355 最近我的国家变化简直很大。

☐ 356 既然你饿了，就咱们吃饭吧。
☐ 357 这篇小说很长，况且又很难了，大家都不同意学。
☐ 358 你做错了事，难道还不应该批评你吗？
☐ 359 结婚是件大事，你总得跟父母商量商量才好。
☐ 360 即使困难太大了，老师来也解决不了问题。

☐ 361　你个人造成的损失，我们不能给予赔偿。
☐ 362　你穿的这件衣服又肥又胖，显然不合适。
☐ 363　父母冤枉了孩子，叫孩子很伤心。
☐ 364　他们公司在谈判中提出的条件令对方很为难。
☐ 365　那老人别说是干活了，连起床都很困难。

☐ 366　昨天那场雨很大，一连下了。
☐ 367　我趁放假的机会，把家里的书整理了一遍。
☐ 368　那条街上的某个商店常出售假冒伪劣商品。
☐ 369　那部香港的武打片真棒，我一连看了五遍。
☐ 370　你为什么不愿意见面她呢？

☐ 371　去不去饭馆吃饭，我都无所谓。
☐ 372　老师批评了他，他一连骂了老师。
☐ 373　这是刚刚煮好的饺子，你赶快趁热吃吧！
☐ 374　我个人认为这次比赛张欣被打败不是偶然的。
☐ 375　快期末考试了，昨天我在图书馆一连学习四个小时了。

☐ 376　因为紧张的缘故，他突然出了一身冷汗。
☐ 377　那狗生气了，咬了一口他就跑走了。
☐ 378　如果你打算通过期末考试，就要趁早准备。
☐ 379　你刚刚学会开车，要尽量开得慢些，免得出事故。
☐ 380　这么重要的决定，你们是否通过学校了没有？

☐ 381　在某些问题上我妈妈决不轻易发表意见。
☐ 382　趁年轻着，多学点儿东西，以后一辈子都有用着。
☐ 383　小李是否做选择出来了，我们现在还不清楚。
☐ 384　今天大家都有一种被欺骗的感觉。
☐ 385　他把那些书摊在一桌子上。

☐ 386 因为我是女人的缘故，他不愿意跟我一起旅游去玩儿。

☐ 387 这个月的房租我已经交过了，你安心地在这里住吧。

☐ 388 我和小梅是好朋友，不料我一连给她写三封信了，她都没回信。

☐ 389 我总是把词典放在随手就可以拿到的地方。

☐ 390 我想来想去，从来没有回答上来。

六、把句子后面的词语填在最恰当的地方

训练目的：

训练学习者对词语的理解和掌握，以及在理解掌握的基础上正确使用该词语的能力。

答题思路：

学习者首先要理解所给的词语，然后在四个空中最好用排除法来确定该词语的正确位置。

答题要求：

在正确位置的序号上画√。

1 上星期我孙子（A）感冒（B）发烧，（C）打了（D）好几天针才退烧。（一连）

2 这（A）是（B）我妈妈（C）为我（D）买的礼物。（分明）

3 他明天（A）要来你家，（B）你（C）今天（D）还去他家呢？（何必）

4 他（A）是（B）一个老师傅了，（C）自行车（D）很快就修好了。（毕竟）

5 （A）我（B）看完了朋友的来信，（C）就写了（D）一封回信。（随即）

6 他说："（A）这件衣服（B）只值（C）五十元，（D）值不了一百元。"（至多）

7 （A）什么人、（B）什么时候、（C）在什么地方，都（D）不该忘记这件事。（无论）

8 星期一（A）能（B）做完的事，（C）等到（D）星期二呢？（何必）

9 （A）上星期他（B）被汽车（C）撞了，（D）没被撞死。（差点儿）

10 他（A）是（B）来（C）找我（D）看电影的。（分明）

11 老人（A）走路不稳（B），你得（C）搀他（D）。（一下儿）

12 （A）既然到了北京，你（B）没去（C）长城（D）看看？（怎么）

13 大家（A）都（B）早点儿出发，（C）怕赶到中午（D）怪热的。（要求）

14 （A）站在这儿（B）看得清清楚楚，（C）咱别往前（D）挤了。（也）

15 这会儿不少老人（A）出门都（B）打的，可（C）王大爷（D）坐公共汽车。（仍然）

16 （A）我（B）这次去上海，（C）在那儿住（D）一个星期。（至多）

17 你（A）太累了，（B）应该（C）休息（D）一会儿。（稍稍）

18 我（A）看出来了，（B）他（C）对考上北京大学（D）了信心。（充满）

19 小华画的鸟儿太（A）像了，（B）跟（C）真的完全（D）一样。（简直）

20 （A）为了帮助小马找工作，（B）他（C）给张经理打了三次（D）电话。（亲自）

21 她忙（A）出来（B）我们（C）进屋去（D）喝杯茶。（招呼）
22 （A）我（B）以为考题（C）很难，没想到（D）这么简单。（竟）
23 等到（A）天气凉快（B），咱们再去（C）那儿爬山（D）。（了）
24 张强，星期五（A）以前，你（B）得把那篇文章（C）赶（D）。（出来）
25 虽然（A）他（B）遇到许多困难，但（C）没（D）失去信心。（始终）

26 （A）掏耳朵（B）不（C）是个好习惯，（D）你得改。（可）
27 （A）我们（B）知道他（C）是个（D）什么样的人了。（总算）
28 （A）这么重要的事，（B）他（C）没跟大家商量就（D）自己去做了。（竟）
29 这是（A）他应该做的，（B）你（C）这么大大地称赞（D）他一番呢？（何必）
30 去年，他们（A）又（B）盖了一座楼，（C）解决了学生们（D）的住宿问题。（从而）

31 这些东西是不是（A）在胡同（B）左边那个叫“新新”（C）小（D）店买的？（的）
32 他（A）不注意（B）这些（C）生活上的（D）小事。（从来）
33 你去（A）参观（B）那位画家的画展（C）没有（D）？（过）
34 几个人说（A）话走（B）路，也不觉得（C）比骑（D）车辛苦。（着）
35 老人（A）觉得在屋子里（B）憋得慌，（C）出去（D）散步了。（便）

36 这部小说我（A）看了一个星期（B）没（C）看（D）完。（还）

37 他的病（A）刚好，（B）在屋子里（C）走走，还不能（D）随便出去。（至多）

38 丁力（A）看了一眼（B）商店挂的牌子，（C）走了（D）进去。（随即）

39 听大夫（A）说，姐姐的病（B）不要紧，我的心情（C）轻松了（D）一些。（稍稍）

40 我（A）生气，（B）说了他几句，（C）他就（D）不高兴了。（一时）

41 我去（A）商店买（B）衣服时，竟遇到（C）多年没见（D）的老同学。（了）

42 开学了，阿丽（A）打工也结束了，她（B）挣的钱（C）一部分交了学费，（D）一部分存到了银行里。（把）

43 陈先生很注意锻炼（A）身体，（B）每星期都（C）去香山爬（D）山。（一次）

44 他（A）是去（B）看那个女孩儿，可他却（C）说是去（D）看他的老乡。（分明）

45 这几天（A）天气（B）这么冷，（C）就像冬天（D）一样。（简直）

46 （A）小王（B）没看出来，就是（C）最聪明的小张，他（D）也没看出来。（不但）

47 （A）他怎么说（B），我都不会有（C）什么意见，都会按他（D）说的办。（无论）

48 （A）所学过的生词（B）要会念、（C）会写，而且还要（D）会用。（不仅）

49 大家通过讨论（A）解决了问题，（B）使各项工作（C）进行得（D）非常顺利。（从而）

50 阿里（A）决定（B）每星期（C）去看（D）电影。（一次）

51 （A）昨天他（B）起来（C）晚了，（D）没迟到。（差点儿）
52 她（A）觉得（B）今天晚上的路灯（C）亮，（D）亮得耀眼。（格外）
53 人们（A）常（B）说，男子汉（C）是不（D）掉眼泪的。（轻易）
54 （A）跟他（B）在一起（C）工作过的人，（D）没有不称赞他的。（凡）
55 这到底（A）是（B）怎么回事，（C）我（D）也无法解释。（一时）

56 这次考试谁也（A）敢（B）说（C）考（D）得很好。（不）
57 现在天（A）热了，你（B）应该（C）少（D）穿点儿衣服。（再）
58 无论（A）遇到什么困难，他（B）都（C）坚持（D）下去。（能）
59 有（A）病不去（B）医院是很危险（C）的（D）。（了）
60 不少事情（A）不是（B）你想（C）做（D）能做的。（就）

61 （A）这辆客车（B）能坐（C）48 个人，坐不下（D）60 个人。（至多）
62 我自己（A）能（B）做的工作，（C）再找（D）别人呢？（何必）
63 （A）你（B）什么说（C）他偷了（D）你的自行车？（凭）
64 你（A）是把（B）两个人（C）的名字（D）弄错了。（分明）
65 （A）我骑自行车（B）骑得（C）太快了，（D）撞着那个孩子。（差点儿）

66 （A）我（B）接到家里的信后，（C）就给妈妈（D）打了个电话。（随即）
67 我们听（A）完（B）报告（C）以后，再也没有见到（D）他。（了）
68 他（A）是（B）修车的，（C）我的自行车（D）一会儿就修好了。（毕竟）
69 管理（A）人员（B）书架上的（C）书完全（D）整理好了。（把）
70 小王（A）是（B）来（C）找你（D）去跳舞的。（分明）

71 这么多问题（A）不是（B）都（C）能（D）解决的。（一时）
72 过（A）了几天，他才（B）慢慢安下（C）心（D）。（来）
73 （A）小刘（B）听了这个消息，（C）昏倒（D）在地上。（顿时）
74 （A）他（B）在桌子旁，一会儿就（C）把牛奶喝（D）了。（光）
75 （A）我早就（B）估计到了，照相机（C）被他（D）弄坏了。（果然）

76 我（A）认为他（B）必须（C）全天（D）参加这个会议。（也）
77 他（A）总是（B）这样，有困难（C）不肯（D）找人帮忙。（始终）
78 你说（A）什么也（B）不（C）应该（D）这么好的机会让给别人。（把）
79 大使馆（A）叫人打电话（B）来，（C）让你（D）去一趟。（亲自）
80 我（A）有点儿事儿要办，不（B）能（C）马上（D）回家。（还）

81 （A）她（B）认为（C）努力学习（D）才对得起老师。（只有）
82 他（A）从来（B）没有（C）众人和领导（D）注意过。（被）
83 小李（A）拿不出（B）那么多钱，（C）只好（D）向别人借。（一时）
84 这（A）是他（B）在（C）故意（D）欺骗我们。（分明）
85 （A）她（B）看完了那篇小说，（C）就写了（D）一篇评论文章。（随即）

86 人们（A）从来（B）把（C）他（D）放在眼里。（不）
87 这个房间（A）能坐下（B）20 几个人，那个房间大一些，（C）能（D）坐下 40 个人。（至多）
88 马丽（A）这个人又聪明（B）又努力，（C）是（D）一个好学生。（确实）
89 你别（A）过于（B）激动，先平静（C），咱们再谈（D）。（一下）
90 （A）他（B）借口身体（C）不舒服，不去参加（D）朋友的婚礼。（竟然）

96 （A）这人太不（B）是东西了，（C）说话不（D）话。（算）
97 （A）这篇文章（B）描述的动物（C）是一个（D）大家都熟悉的形象。（所）
98 其实他（A）只是（B）糊涂才（C）做了那样的事情，请你（D）原谅他吧！（一时）
99 你（A）很熟悉那个地方（B）吗？就请你（C）给我们（D）带路吧！（不是）
100 他（A）是朝（B）你（C）来的方向去的，你怎么（D）没有看见他？（分明）

101 李强（A）克服了（B）无数困难（C）获得了（D）今天的成功。（才）

102 他（A）这个学期（B）身体（C）很不好，（D）坚持到了期末。（勉强）

103 我经常（A）和中国人（B），所以比较（C）了解（D）他们的特点。（接触）

104 （A）得到她的（B）感情很不容易，你千万要（C）加倍（D）。（珍惜）

105 你（A）应该好好报答（B）他，他（C）你的（D）救命恩人吗？（不是）

106 正式比赛（A）开始（B）以前（C），大家先活动了（D）。（一阵）

107 他这次（A）病得（B）很厉害，（C）连床都（D）起不来了。（甚至）

108 （A）等到我（B）知道他（C）动了大手术时，他（D）出院了。（已经）

109 （A）教材（B）受欢迎，（C）还要看（D）同学们的反映。（是否）

110 （A）王师傅（B）给家里打了（C）几个电话，家里（D）都没有人接。（一连）

111 （A）我不知（B）他（C）打算（D）去医院（E）治疗“少白头”。（是否）

112 我做广告（A）保证（B）实事求是，（C）弄虚作假（D）去骗人。（决不）

113 （A）大风吹（B）来，（C）树叶纷纷（D）落了下来。（一阵）

114 （A）今年（B）国庆节（C）放假（D）七天。（照例）

115 我正式（A）向老王提出（B）邀请，没想到（C）他会拒绝我（D）。（了）

116 （A）我（B）不知道方明（C）假期去香港（D）旅行。（是否）
117 （A）我记得上大学的时候（B）他好像（C）享受（D）助学金。（一直）
118 （A）找到了事故（B）发生的原因，（C）问题（D）就不难解决了。（一旦）
119 他（A）对能（B）找到（C）满意的工作（D）信心。（充满）
120 下雪了，（A）你（B）腿脚不灵，（C）我（D）去买吧。（干脆）

121 王师傅（A）多年的（B）工作经验，很快就（C）找到了（D）机器的毛病。（凭着）
122 大家只知道（A）她唱歌（B）很好，（C）她跳舞跳得也（D）很好。（其实）
123 （A）这件事（B）我（C）没跟（D）别人说。（始终）
124 那些书（A）全部（B）在这里学习的（C）大学生们（D）买走了。（被）
125 大家（A）都（B）同意了，（C）他还（D）能反对吗？（难道）

126 掌握（A）多种语言（B），就有（C）可能找到（D）好工作。（了）
127 （A）5 月 2 日出发的（B）参观团（C）张先生（D）负责。（由）
128 这些东西（A）是（B）出发前（C）一天大家帮我（D）在街上买的。（临）
129 （A）你想（B）考研究生，就（C）应该（D）早做准备。（趁）
130 商场（A）服务员（B）态度特别好，顾客可以（C）挑选自己（D）要买的东西。（任意）

131　他（A）始终（B）没说话，（C）是对我们的决定（D）有意见。（显然）

132　（A）直到上个月（B）我们（C）才算（D）完成了生产任务。（勉强）

133　（A）这次旅行（B）把（C）我们累（D）坏了。（简直）

134　我（A）新买的（B）词典（C）不知（D）谁拿走了。（被）

135　他（A）是（B）爸爸（C）的关系，而不是（D）靠自己的能力找到的这份工作。（凭）

136　（A）你要是遇到了（B）解决不了的问题，（C）都可以来找我（D）帮忙。（随时）

137　他（A）性格内向，平时（B）很少说话，但（C）发起脾气来，也（D）很吓人。（一旦）

138　他（A）把那本中文小说（B）翻译（C）成（D）英文了。（已）

139　你（A）带十块钱去（B）买盒饭，（C）不够，（D）再回来拿。（万一）

140　下雨（A），快把你挂（B）在外面的衣服收（C）进来（D）。（了）

141　你（A）珍惜（B）时间，真（C）令人（D）佩服。（如此）

142　老王做（A）生意（B）保证（C）赚（D）不少钱。（了）

143　我们（A）被（B）那部有趣的电影（C）吸引（D）住了。（都）

144　他两个星期没（A）去上课，这次考试（B）考得（C）糟得不能（D）糟了。（再）

145　这（A）几天（B）天气不好，（C）下了（D）四天雨。（一连）

146 你别着急，（A）拆掉（B）机器的问题我们（C）再（D）想办法。（另）
147 不知道是谁（A）从后边重重（B）踢了（C）我（D）。（一脚）
148 他（A）要求我对解决（B）残疾人（C）生活问题谈（D）看法。（一点）
149 要是你（A）有兴趣，（B）我们（C）安排时间（D）去参观一下儿。（就）
150 你（A）怎么（B）把朋友（C）安排（D）到有雅座的房间里去？（不）

151 我（A）只知道吸烟（B）会上瘾，（C）不料下棋（D）也会上瘾。（竟）
152 （A）能不能（B）给这些（C）蔬菜多（D）打点儿农药？（再）
153 你（A）要考虑（B）这些商品广告（C）实事求是，（D）不能轻易相信。（是否）
154 我又（A）向他（B）解释了（C），他才没有批评我（D）。（一番）
155 （A）大家都已经（B）比较熟悉了，我（C）就（D）不再给你们详细做介绍了。（反正）

156 他（A）努力地（B）钻研，同事们都（C）非常（D）佩服他。（如此）
157 那个地方（A）风景（B）不错，（C）就是交通（D）不太方便。（倒）
158 小张现在不在（A）这儿，他跟我聊（B）完（C）天就回家（D）。（了）
159 这件事，（A）你（B）不要传出去，（C）让别人知道（D）就坏了。（万一）
160 我（A）让他考大学，（B）可是他（C）去（D）找了一份工作。（偏偏）

161 （A）你身上带（B）这么多钱，（C）碰上（D）坏人怎么办？（万一）

162 （A）为了向他（B）表示祝贺，（C）大家（D）开了一个晚会。（特地）

163 那盒烟是（A）我刚（B）买的，还没（C）拆开，就（D）抢走了。（被）

164 十岁的孩子（A）能（B）写出（C）这么好的诗，（D）真是了不起。（居然）

165 他（A）想（B）考上大学，可是这个愿望却（C）总（D）实现。（难以）

166 （A）遇到问题（B）都可以来（C）找我，我会尽量（D）帮你想办法的。（随时）

167 要不（A）是你这样（B）对待她，她不（C）离家（D）出走的。（会）

168 我认为（A）必须（B）告诉他，这件东西不（C）买（D）回家去。（值得）

169 你（A）白（B）等他一个多小时，他（C）是来不了（D）的。（这会儿）

170 （A）必须（B）要我来准备的都（C）准备（D）好了。（凡是）

171 父母（A）这样做，完全（B）是为了（C）自己的（D）一份责任。（尽）

172 （A）你上次（B）欠学校的那笔钱就让我想法（C）你（D）还了吧！（替）

173 阿里（A）买来一大堆（B）水果，够我们（C）吃（D）一个星期的。（足足）

174 （A）你（B）帮助我，否则（C）我一个人还真（D）搬不动。（幸亏）

175 知道（A）犯了错误却又（B）不改，当然（C）受到领导的（D）批评。（应当）

七、选择正确答案

训练目的：

训练和考查学习者辨析词语的能力。

答题思路：

学习者首先要把已给出的句子看一遍，然后再带着问题把已给出的四个词语认真地分析一遍，从而弄清这四个词语的异同，然后再用排除法判断这个句子到底使用哪个词语最正确。

答题要求：

把正确答案的序号填在句子中的横线上。

1 星期五晚上，我们去首都剧场看话剧，______票入场。
A. 根据　B. 靠　C. 凭　D. 有

2 最近几天，我______在学校学习，哪儿也没去。
A. 从来　B. 不断　C. 一直　D. 不停

3 他才学了一年，______能说这么漂亮的汉语，真不简单。
A. 果然　B. 忽然　C. 突然　D. 竟然

4 尽管困难很多，但我们一定要坚持______。
A. 过去　B. 起来　C. 上来　D. 下去

5 他感冒了，昨天说不能去参观了，今天______来了。
A. 但是　B. 可是　C. 却　D. 过

6 这部电影真有意思，我想______看一遍。

A. 又　B. 还　C. 再　D. 就

7 交完考卷，我的心情______轻松了许多。

A. 一时　B. 按时　C. 随时　D. 顿时

8 这项手续你得______去办，不能让别人代办。

A. 亲身　B. 自我　C. 一个人　D. 亲自

9 给我扔______吧，我肯定接得住。

A. 过来　B. 起来　C. 回去　D. 过去

10 ______用力不过猛，邮包______拆不坏。

A. 既然……也……　B. 尽管……还……

C. 只要……就……　D. 无论……都……

11 他______自己的本事找到了一份好工作。

A. 用　B. 拿　C. 冲　D. 凭

12 ______独自享有母亲的照顾，一些出生不久的小鸟会无情地除掉其他幼鸟。

A. 因为　B. 为了　C. 既然　D. 虽然

13 我那三间用不着的房子都租______了。

A. 过来　B. 出去　C. 起来　D. 下去

14 今天天气不______热。

A. 非常　B. 是　C. 算　D. 其实

15 我从来没在餐厅打______工。

A. 过　B. 了　C. 着　D. 一下

16 ______有热情是不够的，还要有能力。

A. 不仅　B. 只　C. 既　D. 又

17 她的身体已经恢复______了。

A. 过去　B. 下来　C. 过来　D. 起来

18 这______工程需要全社会的关心和帮助。

A. 条　B. 把　C. 门　D. 项

19 听了这话，她的脸______红了。

A. 一下子　B. 连忙　C. 及时　D. 亲自

20 大家客气了______才坐下来。

A. 一次　B. 一番　C. 一回　D. 一遍

21 你能把______的想法告诉大家吗?

A. 本人　B. 亲自　C. 自己　D. 自身

22 他的汉语水平还不高，______他只学了半年。

A. 究竟　B. 尽管　C. 毕竟　D. 既然

23 我终于从痛苦中解脱______了。

A. 过来　B. 出来　C. 上来　D. 下来

24 这______大雨下了一天一夜。

A. 趟　B. 场　C. 回　D. 门

25 小强终于______爸爸承认了错误。

A. 为　B. 被　C. 对于　D. 向

26 他______出发前又给我打来了一个电话。
A. 挨 B. 临 C. 靠 D. 从

27 老王酒后开车出过一次事，______就不敢喝酒了。
A. 从此 B. 随即 C. 从而 D. 从来

28 天气是有点儿凉，但______是秋天，不用穿棉衣。
A. 终于 B. 竟然 C. 确实 D. 毕竟

29 我把小兰这件衣服的样子画______了，准备照样子做一件。
A. 出来 B. 下来 C. 回来 D. 起来

30 ______谁找他帮忙，他______那么热情。
A. 既……又…… B. 除了……还……
C. 无论……都…… D. 凡是……都……

31 你______明白过来了，现在我真高兴。
A. 总得 B. 总算 C. 总是 D. 总

32 阿里已经把错误的地方都改______了。
A. 下来 B. 下去 C. 过来 D. 过去

33 他讲的这些话______道理。
A. 毫无 B. 一些 C. 一点儿 D. 很多

34 你家并不贫困，______去打工呢？
A. 哪里 B. 何不 C. 任何 D. 何必

35 走在回宿舍的路上，我的心______平静了许多。
A. 一时 B. 一下子 C. 一股脑 D. 一面

36 安娜睡了一天一夜，总算休息______了。
A. 起来　B. 过来　C. 下去　D. 下来

37 小王______拿不出这么多钱来，决定不买了。
A. 一时　B. 一点儿　C. 一会儿　D. 一刻

38 阿里因身体不好______没参加这次考试。
A. 却　B. 反而　C. 而　D. 倒

39 昨天下午我们对面的一______大楼着火了。
A. 股　B. 门　C. 场　D. 座

40 张英 2007 年毕业______北京工业大学，到现在一直从事研究工作。
A. 在　B. 从　C. 向　D. 于

41 他在学习上遇到了很多困难，但他都坚持______了。
A. 起来　B. 上来　C. 下去　D. 下来

42 由于激动，我______想不起来他的名字了。
A. 一股脑　B. 一时　C. 一刻　D. 一会儿

43 我们应该______实现我们的理想而努力学习。
A. 对　B. 为　C. 给　D. 向

44 小张对这个问题还想不通，需要让他再考虑______。
A. 一顿　B. 一下　C. 一点儿　D. 一下子

45 我非常感谢领导______我的支持，使我圆满完成了任务。
A. 由　B. 在　C. 从　D. 对

46 就______他现在的外语水平，还当不了翻译。
A. 挨 B. 临 C. 凭 D. 对

47 他骗了我，我______再也不相信他了。
A. 从此 B. 从来 C. 始终 D. 自从

48 我看______了，这幅画儿画的是咱们这条街。
A. 出去 B. 起来 C. 出来 D. 上去

49 任何时候都要保持______的头脑。
A. 清晰 B. 清醒 C. 精细 D. 沉静

50 我______到北京______给家里打了电话。
A. 因为……而…… B. 一面……而……
C. 连……带…… D. 一……就……

51 ______这个问题，我们还要讨论一下。
A. 关于 B. 冲 C. 向 D. 朝

52 小王______生气，打了他一下。
A. 暂时 B. 常常 C. 一时 D. 突然

53 今天比昨天______冷。
A. 特别 B. 还 C. 很 D. 一点儿

54 大家谁也______他会考得这么好。
A. 想到 B. 知道 C. 估计 D. 想不到

55 这篇课文他看了好几遍了，______还不明白是什么意思。
A. 所以 B. 继续 C. 不过 D. 而且

56 这么简单的问题，他______回答不出来。
A. 突然 B. 轻易 C. 竟然 D. 忽然

57 进入会场后，请______各自的座位坐好。
A. 据 B. 按 C. 靠 D. 由

58 这个姑娘看______最多有二十岁。
A. 起来 B. 出来 C. 过来 D. 上来

59 最近我______发低烧，到现在也没查出原因来。
A. 向来 B. 一向 C. 从来 D. 一直

60 虽然下着雨，______来参观的人却越来越多。
A. 但是 B. 却 C. 就是 D. 才

61 他汉语说得很好，______跟中国人一样。
A. 差点儿 B. 差不多 C. 一下子 D. 等于

62 ______这儿的夏天非常热，可是我还是喜欢来玩儿。
A. 不管 B. 无论 C. 只管 D. 尽管

63 这件礼物是______妹妹结婚时准备的。
A. 因为 B. 对 C. 冲 D. 为

64 请你记住医生的话，一定要______吃药。
A. 随即 B. 顿时 C. 按时 D. 一时

65 这本小说他______读了一遍，可他对内容却非常熟悉。
A. 竟然 B. 至少 C. 还 D. 就

66 他的意见我______不能同意，______不能反对。

A. 不但……反而…… B. 既……又……
C. 因为……所以…… D. 一……就……

67 既然你不舒服，这次参观______别去了。

A. 也 B. 还 C. 又 D. 就

68 刚才，我______把钱包放在桌子上了，怎么一会儿就不见了？

A. 分明 B. 刚刚 C. 一定 D. 明显

69 他并没有看不起你的意思，______只是跟你开个玩笑。

A. 真的 B. 确实 C. 其实 D. 尽管

70 ______大家怎么说，她______不相信这是真的。

A. 虽然……也…… B. 尽管……都……
C. 只要……就…… D. 无论……都……

71 我对他的感情______没有改变。

A. 永远 B. 常常 C. 一直 D. 总是

72 ______下大雨，你也要按时赶到出发地点。

A. 无论 B. 就是 C. 不管 D. 既然

73 ______成龙拍的电影，我差不多______看过。

A. 凡是……都…… B. 虽然……也……
C. 无论……都…… D. 只要……就……

74 我母亲______没坐过飞机。

A. 总是 B. 永远 C. 从来 D. 总算

75 这种西瓜出产______山东。

A. 由 B. 从 C. 给 D. 于

76 她又要照顾生病的丈夫，又要弄孩子，还要上班，实在坚持不______了。

A. 过来 B. 过去 C. 下去 D. 起来

77 不管怎么说，你骂了朋友，就该______朋友道歉。

A. 为 B. 向 C. 对于 D. 替

78 那本书我读过一遍了，可是我______想读一遍。

A. 还 B. 又 C. 再 D. 也

79 我觉得，他不是日本人______韩国人，反正不是泰国人。

A. 就是 B. 而是 C. 才是 D. 也是

80 成龙的新片真有意思，昨天我______看了一遍。

A. 再 B. 还 C. 又 D. 就

81 一个老师，五十多个孩子，哪儿照顾得______？

A. 下去 B. 下来 C. 过来 D. 起来

82 不管______说，你骂了人就应该向人道歉。

A. 这么 B. 那么 C. 多么 D. 怎么

83 事情已经过去了一个星期，他才明白______。

A. 上来 B. 起来 C. 出来 D. 过来

84 王老师清楚地记得，他上大学时______享受奖学金。

A. 从来 B. 一直 C. 不断 D. 向来

85 寒暑假时学生可以买半价票，但必须______学生证购买。

A. 凭 B. 按照 C. 靠 D. 根据

86 我觉得这个问题不______回答。
A. 轻易　B. 愿意　C. 随便　D. 好

87 你千万不要总是这样故意______别人。
A. 困难　B. 难怪　C. 为难　D. 难受

88 今天我______也要把这个问题弄明白。
A. 多么　B. 那么　C. 这么　D. 怎么

89 明天考试，你现在通知我，我可怎么办啊？我真的______准备。
A. 毫无　B. 毫不　C. 不　D. 一点儿

90 他很关心自己的职工，谁生病了，他常常______去看望。
A. 亲眼　B. 亲自　C. 亲身　D. 亲人

91 这究竟是怎么一回事，______也说不清。
A. 什么　B. 大家　C. 谁　D. 哪

92 这件事领导还没有决定怎么就传______了？
A. 下去　B. 上去　C. 过来　D. 出去

93 我现在算是完全明白______了，夫妻感情的事情是勉强不得的。
A. 过来　B. 起来　C. 回来　D. 下来

94 他比我年轻，现在______只有 30 岁。
A. 至少　B. 至多　C. 甚至　D. 最少

95 最近，国奥路两旁种了很多花草树木，这条马路马上显得______起来了。
A. 整齐　B. 漂亮　C. 干净　D. 热闹

96 那座别墅不错，价钱也便宜，趁他家急需用钱，我们就把它买______吧。

A. 起来　B. 回来　C. 上来　D. 过来

97 吃菜啊！我们都是老朋友了，今天怎么______客气起来了？

A. 那么　B. 一点儿　C. 那样　D. 这么

98 听大夫说妈妈的病不要紧，我的心情才______轻松了一些。

A. 稍稍　B. 悄悄　C. 偷偷　D. 静静

99 老师______给你们讲讲大概的意思，不会很详细地分析的。

A. 至多　B. 最少　C. 至少　D. 怎么

100 他的广东口音总是改不______。

A. 回来　B. 起来　C. 下来　D. 过来

101 经过治疗，他的病______没好，______更厉害了。

A. 不是……而是……　B. 不但……反而……

C. 虽然……但是……　D. 因为……所以……

102 他把实事求是的小郑又称赞了______。

A. 一口　B. 一场　C. 一番　D. 一遍

103 画展开幕的场面______格外热烈。

A. 显得　B. 显示　C. 打扮得　D. 表现得

104 这间屋子看______比那间大多了。

A. 上去　B. 下去　C. 过来　D. 过去

105 双方代表正在______会谈。

A. 开始　B. 通过　C. 进行　D. 举办

106 他们又安慰了李华______，看样子她轻松多了。

A. 一场　B. 一顿　C. 一遍　D. 一番

107 我那时太不知道努力，现在想______真后悔。

A. 过来　B. 起来　C. 出来　D. 上来

108 现在______不是夏天，不会太热！

A. 毕竟　B. 算　C. 尽管　D. 至多

109 我也想买5万元彩票，可______凑不够那么多钱。

A. 顿时　B. 随时　C. 一时　D. 一旦

110 ______中午12点左右，他的房间______没有阳光。

A. 只要……就……　B. 即使……也……

C. 无论……都……　D. 一……准……

111 商店门前有______雪。

A. 一场　B. 一股　C. 一堆　D. 一种

112 你看，这个商店什么样的衣服都有，______你挑选。

A. 凭　B. 任　C. 被　D. 按

113 我把那两间房都租______了。

A. 起来　B. 过去　C. 下去　D. 出去

114 7月10号左右______毕业典礼。

A. 予以　B. 加以　C. 举办　D. 举行

115 小华______自己学习好，______还热情帮助学习困难的同学。

A. 只要……就……　B. 不仅……而且……

C. 尽管……也……　D. 不是……而是……

116 出去旅行这么大的事，咱们总得跟父母说______。
A. 一番　B. 一会　C. 一声　D. 一口

117 这间教室看______比那间教室大不了多少。
A. 过去　B. 上来　C. 上去　D. 下去

118 听朋友说，王宁______去了广州，______去了云南。
A. 只要……就……　B. 不是……就是……
C. 因为……所以……　D. 连……带……

119 妈妈穿上这身衣服，______非常年轻。
A. 显然　B. 显得　C. 仿佛　D. 不料

120 小王因为提前去洗澡而______经理批评了一顿。
A. 据　B. 把　C. 又　D. 被

121 我们想把这三间房子全部买______。
A. 下来　B. 出来　C. 起来　D. 下去

122 那位老人______是他爸爸的朋友。
A. 偶然　B. 果然　C. 然而　D. 既然

123 展销会上我只看上了______漂亮的家具。
A. 一堆　B. 一场　C. 一套　D. 一股

124 ______有才能的人，才敢接受这项任务。
A. 只要　B. 只是　C. 只能　D. 只有

125 经理提出的条件很吸引人，______任务又不重，所以大家都愿意去做。
A. 偏偏　B. 自然　C. 况且　D. 然而

126 现在我们是朋友了，欢迎你以后______来我家玩儿。
A. 随时 B. 随后 C. 随地 D. 随即

127 为了做好翻译工作，阿里______来中国学习汉语。
A. 总得 B. 难怪 C. 特地 D. 不见得

128 这件事情怎么做______你自己决定。
A. 由 B. 按 C. 被 D. 为

129 看______，领导对他们的工作非常满意。
A. 出来 B. 过来 C. 起来 D. 下去

130 ______广告实事求是，______有生命力。
A. 虽然……但是…… B. 即使……也……
C. 一……准…… D. 只要……就……

131 听了这话，他先是一愣，______又笑了："你是开玩笑吧？"
A. 随即 B. 于是 C. 照例 D. 总得

132 ______过了一会儿，大家才意识到他说的是什么。
A. 又 B. 好 C. 再 D. 还

133 ______好好学习，才能取得好成绩。
A. 尽管 B. 不管 C. 只要 D. 只有

134 因为天气冷的______，今天很多同学没来上课。
A. 条件 B. 情况 C. 原因 D. 缘故

135 她很喜欢打扮自己，这个星期______买了三件衣服。
A. 一连 B. 不断 C. 纷纷 D. 难怪

136 父母应当______孩子的选择，不要勉强他们。
A. 尊敬　B. 尊重　C. 保险　D. 保障

137 他的女朋友来看他了，______他今天这么高兴。
A. 不得不　B. 不由得　C. 难道　D. 难怪

138 我让同屋不要吸烟，他不听，______我们吵起架来。
A. 于是　B. 从此　C. 马上　D. 一下儿

139 我邀请她一起去，______她拒绝了我。
A. 一直　B. 竟　C. 不料　D. 始终

140 小王平时学习很努力，成绩也很好，这次考试不及格是______的。
A. 偶尔　B. 突然　C. 偶然　D. 忽然

141 有人被收音机里那怪声吸引______了。
A. 上　B. 着　C. 好　D. 住

142 他们拆掉门口的障碍物，______让残疾人出入方便。
A. 是为了　B. 因为　C. 于是　D. 因此

143 ______公司规定，招聘考试既要笔试又要面试。
A. 由于　B. 根据　C. 对于　D. 于是

144 我们都以为他是收藏家呢，______他是商人。
A. 哪知　B. 本来　C. 不过　D. 竟然

145 到北京后很忙，所以______没给你写信。
A. 从来　B. 简直　C. 终于　D. 一直

146 这么漂亮的帽子，______你连见都没见过吧。
A. 竟然　　B. 恐怕　　C. 究竟　　D. 必然

147 大家都______他能取得成功。
A. 信任　　B. 相信　　C. 信心　　D. 决心

148 他这个人不仅聪明，______也很幽默。
A. 而且　　B. 况且　　C. 和　　D. 还有

149 ______他说，这里的污染情况并不很严重。
A. 按　　B. 据　　C. 根据　　D. 凭

150 那里的生活条件很不好，人们______还是很乐观。
A. 却　　B. 而且　　C. 然而　　D. 但是

151 他们______坐船来的，______坐飞机来的。
A. 不只……还……　　B. 不但……而且……
C. 尽管……但是……　　D. 不是……而是……

152 ______你不愿意，我______不勉强你了。
A. 既然……就……　　B. 只有……才……
C. 即使……也……　　D. 因为……而……

153 这么简单的问题，______你都不会回答吗？
A. 难以　　B. 难怪　　C. 难道　　D. 难得

154 我们应该______天气的变化来换衣服。
A. 随时　　B. 随着　　C. 随即　　D. 随便

155 这张画儿看______有点儿旧，换一张新的吧！
A. 下来　　B. 上去　　C. 上来　　D. 过来

156 小李，领导要你______去他那儿一趟，快点儿！
A. 暂且 B. 顿时 C. 一时 D. 立刻

157 ______你取得了好成绩，______不应该骄傲呀。
A. 因为……所以…… B. 只有……才……
C. 不但……而且…… D. 尽管……也……

158 大学毕业______新生活的开始。
A. 意思是 B. 意味着 C. 当作 D. 看作

159 ______上飞机，他才发现忘了带护照。
A. 临 B. 在 C. 当 D. 于

160 热闹了一天，街上终于安静______了。
A. 过来 B. 下来 C. 下去 D. 出来

161 这件事______让我伤透了脑筋。
A. 格外 B. 简直 C. 非常 D. 所以

162 昨天小王看小说时，看______看______突然笑了起来。
A. ……着……着 B. ……了……了
C. ……过……过 D. 一会儿……一会儿……

163 这块蛋糕他______不想吃，______不能不吃。
A. 虽然……而且…… B. 尽管……却……
C. 不是……而是…… D. 不但不……反而……

164 ______为了这么一点儿小事就大发脾气呢？
A. 况且 B. 何必 C. 怎么 D. 不必

165 马小光的英语______有多流利了。
A. 居然 B. 难怪 C. 显然 D. 别提

166 大雨______下了两天两夜。
A. 总算　B. 一直　C. 终于　D. 始终

167 老师，明天我要去机场接妈妈，不______来上课。
A. 愿意　B. 要　C. 会　D. 能

168 他讲的是普通话，我______听得懂。
A. 完全　B. 本来　C. 根本　D. 偏偏

169 我从来______见过这么漂亮的花园。
A. 都　B. 没　C. 也　D. 不

170 我们的国家正走______繁荣。
A. 向　B. 朝　C. 自　D. 往

八、用指定词语回答问题

训练目的：

训练学习者在回答问题时使用上所给词语的能力。

答题思路：

学习者首先要把所问的问题弄清楚，然后把所给词语的意义弄清楚，最后再开始组织语言。

答题要求：

词语的使用可以不分先后。将答案用汉字书写在横线上。

1 小王能翻译这篇文章吗？（对……来说　算）

____

2 他愿意做这个工作吗？（尽管　勉强）

____

3 李华昨天赶上飞机了吗？（倒霉　差点儿）

____

4 小黄昨天没参加晚会，他真的不舒服吗？（借口　其实）

____

5 你觉得这件衣服怎么样？（怪……的　打）

____

6 你认为抽烟对身体有没有好处？（对……来说　从来）

7 听说你朋友爱吃爱喝，这是真的吧？（讲究　其实）

8 你第一次参加中级考试，考得怎么样？（尽管　算）

9 昨天那个重要的会议他参加了吗？（竟然　借口）

10 老师留的作业难不难？你做完了吗？（勉强　怪……的）

11 你觉得汉语难学吗？（对……来说　稍稍）

12 咱们去饭馆吃午饭好不好？（既……又……　何必）

13 你说我找得到工作吗？（既……又……　何必）

14 那个电影很感人，是吗？（忍不住　……起来）

15 你讲的这个故事安娜都听得懂吗？（毕竟　至多）

16 刘飞遇到了挫折，你怎么对他说？（无论　……下去）

17 张华原谅你了吗？（尽管　总算）

18 小李，今天下午咱们去百货大楼买照相机吧？（怪……的　何必）

19 小王为什么那么感谢他？（不仅……还……　……出来）

20 你现在身体怎么样？（轻易　至多）

21 你为什么这么生气？（竟 ……出去）

____

22 你的同屋怎么又开始抽烟了？（对……来说 控制）

____

23 你不是说不结婚吗？怎么现在又结婚了？（既……又…… 不觉）

____

24 这项工作你为什么不让小王去做？（凡是……都…… 亲自）

____

25 下课后你用来复习的时间不太多，怎么汉语水平提高得这么快呢？（其实 接触）

____

26 哪些东西不能邮寄？（凡是……都…… 一下儿）

____

27 快去吃饭吧，爬山累吗？（差点儿 稍稍）

____

28 你的画展办得怎么样？（……得慌 无论……都……）

____

29 你出门常打的吗？（尽管 从来）

____

30 你朋友汉语考试考得怎么样？（勉强 总算）

____

31 这件事小王觉得自己做得对吗？（尽管 承认）

____

32 在中国，你生活得怎么样？（一面……一面…… 从来）

____

33 你去过长城吗？（从来 格外）

____

34 你父亲不是病了吗？怎么还要去工作？（亲自 无可奈何）

____

35 盖这座楼要多长时间？（连……带…… 对……来说）

____

36 小李能翻译这篇短文吗?(毕竟 ……出来)

37 今天去农村参观的人多不多?(连……带…… 至多)

38 你为什么和王明交朋友?(不仅……也…… 打)

39 你学习汉语有困难吗?(尽管 ……下去)

40 阿里昨天没来上课,他是去医院看病了吗?(借口 其实)

41 大家对这场球赛反映怎么样?(凡是 几乎)

42 你喜欢坐公共汽车吗?(……得慌 无论)

43 经理为什么冲小张发火?(既……又…… 不得不)

44 昨天王教授的报告你听得怎么样?(似……非…… 勉强)

45 你认为这种练习方法好不好?(对……来说 ……下去)

46 安娜的北京话说得怎么样?(算 毕竟)

47 我现在可以去看病人了吗?(清醒 ……过来)

48 妈妈是不是批评了小妹?(始终 忍不住)

49 下课以后你陪我去友谊商店买件衬衣,好不好?(既……又……何必)

50 学习汉语困难大不大?(对……来说 其实)

51 听说你搬家了，原来的房子不好吗？（既……又…… ……下去）

52 玛丽考得这么差，她是不是不努力？（其实 凡是……都……）

53 这双鞋太贵，看看别的吧。（……归…… 对……来说）

54 张老师出院一个多月了，现在身体怎么样？（……过来 简直）

55 昨天你找到那个公司了吗？（差点儿 总算）

56 二年级的学生能阅读这样的文章吗？（对……来说 算）

57 小王真的没有时间参加这次会议吗？（借口 其实）

58 你觉得这儿的气候怎么样？（怪……的 打）

59 你们的工作任务完成了吗？（尽管 总算）

60 那次分别后，你们常见面吗？（无论 联系）

61 这次旅行你满意吗？（实现 遗憾）

62 今天来参加会议的一共有多少人？（连……带…… 至多）

63 他对你好吗？（简直 充满）

64 他能回答这些问题吗？（始终 其实）

65 那天你们赶上飞机了吗？（差点儿 竟）

66 他这么聪明的人，HSK 怎么只通过五级呢？（尽管　毕竟）

____

67 这件事情你有时间去办吗？（尽管　亲自）

____

68 老师，到底哪一天考试，您能告诉我们吗？（稍稍　随即）

____

69 伊莲娜，你喜欢看爱情故事片吗？（对……来说　凡是……都……）

____

70 木村，你来中国多长时间了？明年还打算继续在这儿学习吗？（不觉　……下去）

____

71 明天就要考试了，我紧张极了。你说我能考得好吗？（其实　何必）

____

72 你知道李丁今天上街一共花了多少钱？（连……带……　竟）

____

73 小王，你今天怎么有兴趣去看电影了？（……得慌　再说）

____

74 你们在书店里买的那些书运回来了吗？（既……又……　简直）

____

75 安娜她们按时赶到朱老师家了吗？（一面……一面……　差点儿）

____

76 小张的妈妈病了以后，他是请别人去照顾的吗？（亲自　毕竟）

____

77 听说小黄病得很重，他最近好点儿了吗？能不能吃东西了？（稍稍　勉强）

____

78 小李请你帮忙，你答应了吗？（……过来　拒绝）

____

79 那天你赶上火车了没有？（格外　差点儿）

____

80 我想跟老王借五百块钱，你说他会同意吗？（对……来说　算）

____

81 你说咱们是这个周末去上海，还是等暑假再去？（怪……的　……下来）

____

82 你换的这个同屋怎么样？（始终　简直）

____

83 既然你父母反对，这次旅行你就别参加了吧？（无论……都……　毕竟）

____

84 我是本科生，需要上选修课吗？（凡是……都……　至少）

____

85 安娜不是跟她男朋友分手了吗？为什么还去医院看望他？（尽管　毕竟）

____

86 那部电影怎么样？（简直　忍不住）

____

87 你知道自己得了冠军以后是什么反应？（吃惊　简直）

____

88 我们走着去那个公园，好不好？（不是……吗　何必）

____

89 你对这次比赛有信心吗？（毕竟　毫无）

____

90 你觉得这次考试难吗？（对……来说　算）

____

91 你的钱包怎么找不着了？（倒霉　刚）

______

92 领导交给咱们的任务今天能完成吗？（……归……　怎么）

______

93 昨天晚上你怎么那么晚才回来？　（不觉　开心）

______

94 现在几乎人人都有手机，它最大的好处是什么啊？（既……又……　所以）

______

95 下个星期的实习为什么取消了？（不仅……又/也……　负担）

______

96 你和你父母的消费观念一样吗？（差不多　几乎）

______

97 在中国为什么司机都怕警察？（除了……还……　罚）

______

98 你住的地方打的方便不方便？（几乎　想）

______

99 你晚上敢喝茶吗？（一……就……　从来）

______

100 你女朋友现在情绪好了吗？（半天　……出来）

______

101 安娜的丈夫是中国人，你知道吗？（难怪　简直）

______

102 学生们为什么如此兴奋？（不仅……还……　合格）

______

103 你为什么不让爸爸参加自行车比赛呢？（毕竟　况且）

______

104 要是星期六天气不好，咱们还去参观吗？（哪怕……也…… 反正）

105 小王的这篇文章写得怎么样？（大致 稍稍）

106 那个市场的蔬菜贵吗？（……不得了 拿……来说）

107 你为什么不向经理提出要做这项工作？（信任 况且）

108 玛丽和安娜，谁汉语说得好？（尤其 像……似的）

109 刘老师去香山玩儿吗？（据 估计）

110 现在又没下雨，你为什么带雨衣去？（看上去 万一）

111 你能考上名牌大学吗？（别说……既使……也……）

112 现在陈红努力学习了吧？（照例 无论）

113 她长得漂亮吗？（……不得了 （像）……似的）

114 张静的论文写得怎么样？（稍稍 尽量）

115 你觉得他怎么样？（从来 简直）

116 你为什么不让他朋友参加你的婚礼？（从来　况且）

____

117 咱们公司这么忙，新年还能放假吗？（无论　照例）

____

118 他知道这件事情了吗？（据　显然）

____

119 那天去公园你们被雨淋着了吗？（……不得了　不料）

____

120 星期天我们还去打网球吗？（无论　照例）

____

121 王英的那位朋友是哪国人？（看上去　其实）

____

122 张明想出国留学吗？（万一　决不）

____

123 他为什么哭了？（显然　……起来）

____

124 你们班学生觉得这次期末考试容易吗？（拿……来说　……不得了）

____

125 你弟弟考上大学了吗？（尽管　居然）

____

126 我们还要带那么多的衣服吗？（反正　尽量）

____

127 会议早就结束了，你怎么出来得那么晚？（偏偏　反正）

____

128 他在国内已经学了两年汉语了，怎么水平还这么低？（客观　难以）

____

129 这个房间见得到阳光吗？（即使……也……　充满）

130 他昨天病了吗？（据　不是……而是……）

131 小王犯了错以后现在表现得怎么样？（重新　信任）

132 那些因为经常不来上课而不能参加考试的学生是你负责通知吗？（取消　由）

133 你为什么不派小赵把钱存到银行里去呢？（仔细　万一）

134 这么晚了，你怎么还不睡觉？（不是……而是……　哪怕……也……）

135 这个球队怎么踢得这么糟？（临　凑）

136 王山现在又能上学了吗？（因为……的缘故　重新）

137 老王这个人怎么样？（只要……就……　接触）

138 你看，那个人是干什么的？（看上去　……似的）

139 人们经过那个路口为什么格外小心？（一连……　不得了）

140 你们怎么没去爬山？（偏偏　起来）

141 那个公司工资不太高，你接受那份工作吗？（……之一　哪怕……也……）

______

142 李晴去天津有什么事？（特地　难道）

______

143 中午不堵车，咱们不用走得太早吧？（尽量　即使……也……）

______

144 下午有客人来，还要准备饭吗？（倒　总得）

______

145 你去复制磁带了吗？（一连　不料）

______

146 你看完昨天的电视剧没有？（因为……的缘故　……着……着）

______

147 你想给父母带回去什么礼物？（……之类　怎么……也……不……）

______

148 爸爸为什么不让他喝酒？（是为了　一……准……）

______

149 你现在为什么不想谈恋爱？（趁着　尽量）

______

150 这几天的天气怎么样？（……不得了　拿……来说）

______

151 这件事要是老王不同意怎么办？（无论　反正）

______

152 这次参观活动应该谁负责？（照例　由）

______

153 张民对你说什么了？（临　随即）

______

154 你参加玛丽的婚礼吗？（特地　哪怕……也……）

______

155 这孩子为什么哭了？（据　偏偏）

______

156 没买到今天的火车票，怎么办？（既然……就……　反正）

______

157 天怎么这么热？（难怪　毕竟）

______

158 爸爸为什么批评了王军？（显然　因为……的缘故）

______

159 李群同学是去上海了吗？（据　不是……而是……）

______

160 这件事，你为什么不让王强去办呢？（从来　万一）

______

161 今年暑假李飞打算回国吗？（是否　反正）

______

162 安妮的汉语水平为什么提高得那么快？（只要……就……　难怪）

______

163 让高丽丽一个人做十个人的饭，她行吗？（别说　……过来）

______

164 马园园为什么突然停学了？（因为……的缘故　于是）

______

165 那篇文章你十五号以前能完成吗？（哪怕……也……　尽量）

______

166 你朋友的身体情况怎么样？最近能出院吗？（看上去　随时）

______

167 你们公司的工作紧张不紧张？（……不得了　拿……来说）

______

168 听说你是印尼人，泰国语怎么说得这么好？（不是……而是……难道）

______

169 你答应那个人的要求了吗？（居然　决不）

______

170 你爸爸这次来中国事情办成了没有？（特地　不料）

______

171 你这次为什么考得这么好？（仔细　拿……来说）

______

172 妈妈为什么生弟弟的气？（偏偏　显然）

______

173 她讲的故事有意思吗？（……着……着　……起来）

______

174 这个问题他能解决吗？（……不得了　即使……也……）

______

175 他和同学们的关系怎么样？（相处　一……准……）

______

176 二百米赛跑你为什么没跑到终点？（……着……着　居然）

______

177 张工程师能修好这台电视机吗？（别说……即使……也……）

______

178 木村为什么第二次来中国学汉语？（据　否则）

______

179 这个问题能不能解决？（仔细　难以）

____

180 昨天你为什么没来上课？（不料　……不得了）

____

181 你为什么跟她吵架？（不但不……反而……　道歉）

____

182 马上就要搬家了，屋里这么多东西怎么收拾呢？（趁　……起来）

____

183 这两个孩子刚才还在一起玩儿，现在怎么打起架来了？（因为……的缘故　……着……着）

____

184 今年学校什么时候放暑假？（照例　据）

____

185 老王，你觉得我们公司应该派谁去北京工作？（谁……谁……是否）

____

186 你喝得了两瓶啤酒吗？（别说……即使……也……）

____

187 那道试题很容易，你答对了吗？（一时　竟）

____

188 今年春节放几天假？（据　照例）

____

189 你如果失业怎么办？（一旦　另）

____

190 安娜有多大年纪了？（由于……的缘故　看上去）

____

191 在你们国家给孩子起名字有什么特点吗？（由……而……　至于）

______

192 他妈妈为什么要和他爸爸打官司？（引起　维护）

______

193 这笔资金到底应该由谁来保管？（主动　其实）

______

194 这次汉语节目表演你们班怎么样？（不仅……而且……　被……评为……）

______

195 为什么马力还没有写完作业？（重新　受到）

______

196 王立是个很细心的人，昨天怎么出了交通事故？（正当……的时候　突然）

______

197 在中国的农贸市场买东西能挑吗？（任　讨价还价）

______

198 你知道孔子是谁吗？（不仅……而且……　因为）

______

199 老赵这个人有什么优点？（相处　除此之外）

______

200 他昨天为什么被罚款了？（允许　尤其是）

______

九、根据提示和所给词语写一段话

训练目的：

训练学习者以书面的方式来进行成段表达的能力。

答题思路：

学习者首先要弄清楚所给出的题目是什么意思，初步确定如何表达，然后从所给的词语中选择出比较容易使用上的词语，使用了的词语一定做个标记，以免重复使用或者使用数量不够。

答题要求：

至少用上5个所给词语，词语使用可以不分先后，120字以上。

1 提示：去机场

词语：从容 帮忙 似……非…… 差点儿 倒霉 无可奈何 随即 钻 ……得慌 从而

2 提示：我的学习生活

词语：一面……一面…… 从此 既……又…… 珍惜 过来 负担 格外 不觉 几乎 不仅……也……

3 提示：难忘的一天

词语：既……又…… 简直 怪……的 接触 从此 ……归…… 轻易 出事 凭 任何

4 提示：我的一位中学老师

词语：格外 不仅……还…… 毫无 当……的时候 安慰 联系 ……得慌 感激 毕业 从事

5 提示：我的一个朋友

词语：无论 讲究 ……起来 显得 接触 忍不住 从容 帮忙 稍稍 始终

6 提示：我记忆中的老师
词语：称赞 当初 激动 不觉 珍惜 亲自 联系 从此
……得慌 连……带……

7 提示：坐出租车
词语：轻易 显得 格外 ……得慌 无可奈何 一时 和气
安慰 随即 出事

8 提示：我的父母
词语：接触 联系 不仅……也…… 称赞 帮忙
既……又…… 打工 ……归…… 感激 几乎

9 提示：下雨了
词语：一……就…… ……过来 格外 忍不住 搀
不仅……也…… 借口 拒绝 从此 吃惊

10 提示：失恋以后
词语：结婚 怪……的 ……得慌 何必 勉强 总算 竟
……过来 清醒 无可奈何

11 提示：一位出租车司机
词语：无论 始终 帮忙 罚 搀 随即 忍不住 尽管
凡是……都…… 称赞

12 提示：那一次，我做错（/对）了
词语：从来 无论……都…… ……得慌 感情 何必 负担
轻易 忍不住 尽管 始终 从此 珍惜

13 提示：我永远也忘不了他（/她）
词语：从来 缘分 接触 总算 差点儿 帮忙 充满
……归…… 既……又…… 不觉 联系 其实

14　提示：我记忆中的一个朋友
词语：既……又……　从来　接触　从容　充满　联系　称赞
至多　显得　结婚

15　提示：我最喜欢的一门课
词语：觉得　既……又……　从来　清晰　始终　尽管　任何
记性　值得　凭　记性　临

16　提示：我的一个同班同学
词语：记忆　笑嘻嘻　讲究　时髦　从来　一面……一面……
算是　既……又……　接触　缘分　显得　牙齿

17　提示：戒烟
词语：瘾　戒　怎么……也……不……　污染　权利　危害
反正　癌　然而　居然

18　提示：找工作
词语：毕业　凭　报酬　……之类　不在乎　由　轻易　倒
推荐　是为了

19　提示：保护环境
词语：污染　令　尽量　后果　……下去　反正　尊重　是为了
决不　拿……来说

20　提示：参加婚礼
词语：看上去　打扮　怪……的　文明　于是　（像）……似的
名牌　……着……着　亲自　不是……而是……

21　提示：助残日
词语：文明　偶尔　推荐　总得　保证　象征　规定　尊重
是为了　把……当作……

22 提示：一次生日晚会
词语：打扮 举行 于是 总得 看上去 （像）……似的 竟 充满 特地 文明 温和

23 提示：环保问题
词语：别说…… 不得了 消费 后果 是为了 量 然而 偏偏 除此之外 尤其

24 提示：我的老师
词语：因为……的缘故 即使……也…… 尤其 推荐 大致 把……作为…… 从事 除此之外 然而 生气

25 提示：看画展
词语：举行 感兴趣 据 一口气 享受 难以 于是 仔细 拿……来说

26 提示：接待一位朋友
词语：居然 由 陌生 从事 不得了 特地 令 照例 显然 联系

27 提示：我在中国的生活
词语：享受 只要……就…… 感兴趣 看上去 甚至 适应 因为……的缘故 ……之类 （像）……似的 把

28 提示：参加朋友的生日晚会
词语：举行 选择 打扮 甚至 别说……即使……也…… 因为……的缘故 规定 令 不得了 场合

29 提示：我最喜爱的工作
词语：尽量 哪怕……也…… 况且 报酬 从事 赚 难道 对……来说 选择 不仅……也……

30 提示：新年联欢晚会
词语：难怪 ……之类 怎么……也……不…… 万一 凡是
照例 可惜 购买 （像）……似的 连……带……

31 提示：我最好的朋友
词语：相处 自信 因为……的缘故 特地 拿……来说 把
甚至 令 决不 哪怕

32 提示：谋职
词语：因为……的缘故 一连 独立 体面 不是……而是……
尽量 总算 对……来说 ……归…… 标准

33 提示：我的理想
词语：报酬 适应 自由 从事 专业 不仅……也……
拿……来说 ……之类 一连 另

34 提示：垃圾分类问题
词语：污染 随时 ……起来 随着 严重 拿……来说
既然……就…… 只要……就…… 尤其 尽量

35 提示：我喜欢打麻将
词语：属于 被 手气 万一 哪怕……也…… 拿……来说
难道 总得 仔细 整整

十、短文填空

训练目的：

训练学习者在篇章段落中理解和运用词语，特别是虚词的能力。

答题思路：

学习者首先要把所给的文章大致阅读一遍，了解文章的主要内容，然后再仔细阅读，此时要一边读，一边考虑在横线上可填写什么词语，知道的马上填上，不知道的先不要管它，采取各个击破的方式可以说是最好的方法。当然，在填写的过程中一定要注意前后的内容，只是单独思考一个空，往往会出错。

答题要求：

将答案用汉字填写在序号后的横线上。

（一）

网　友：您创作歌曲的思想源泉是什么？
罗大佑：生气、愤怒之类的。

网　友：（1）______愤怒的时候才想起写歌？
罗大佑：愤怒代表一种激情。

网　友：有很多朋友是听您的歌曲长大的，您对这种说法有什么感觉？
罗大佑：我很感动，大家一起成长的经验，这是（2）______心理的沟通。

网　友：您对自己的成就感到满意吗？
罗大佑：其实就跟写曲子一样，就是永远在成长。什么叫满意？我（3）______创作是一种无限的空间，所以不是我写这么多歌才感到非常满意，我只是说某种歌我自己觉得喜欢。

网　友：您现在觉得自己的激情和原来相比(4) ______少了？因为您现在出的歌稍微少了点儿。

罗大佑：就是没有像年轻的时候那么冲动。

网　友：听说您(5) ______这次的演唱会信心很大。

罗大佑：我本身是有信心的，我们想(6) ______台湾20年的流行文化的发展，跟广大朋友做一个交流。

网　友：您拍(7) ______电影吗？

罗大佑：我演过小角色，此后，我觉得自己不应再去拍电影。

网　友：您现在看您过去的作品是觉得还可以，(8) ______觉得惭愧？

罗大佑：在可以和惭愧之间。

网　友：您希望自己的小孩儿以后还从事音乐吗？

罗大佑：我没有这个问题，因为我没有小孩子。

网　友：(9) ______有呢？

罗大佑：我根本不希望他干吗，他应该知道他自己应该干什么。

网　友：您会写首上海的歌吗？

罗大佑：如果上海继续改变，当然会。

网　友：您觉得一个人的外表重要吗？

罗大佑：当然重要。我觉得内在比外表(10) ______重要一些。

（二）

从前，有一位受人（1）______的长者登台演讲，他开口（2）______问："各位，你们知道我要讲什么吗？"大伙齐声地说："不知道。""怎么你们(3)______不知道我要讲什么？既然如此，那我讲它还有什么用？"说着便走(4)______了讲台。第二天，他又登上讲台对大家说："各位先生，你们知道今天我要讲什么吗？"这回大家接受了上次的教训，一致说："知道。""好啦，既然你们都知道了，那我(5)______讲一遍还有什么意义！"长者说完又走下了讲台。听众(6)______他这样，便在底下商量对策：到时候，一部分人说知道，而(7)______一部分人说不知道。这样一来，长者就没法下台了。第三天，长者又像上两次那样问大家，台下(8)______喊"知道"，另一部分人喊"不知道"。长者一笑说："那么好吧，那就让知道的人去给不知道的人(9)______吧。"说完，一甩袖子又走(10)______了讲台。

（三）

他们相识已经3年(1)______，小伙子爱姑娘，但(2)______没有在她面前提过爱，有时还故意装作冷淡的样子，但姑娘却可以从他的眼神中，看出那深深的爱意。很多次，姑娘向他暗示鼓励，遗憾的是，他(3)______不敢开口。事情就这样耽搁(4)______了。三年后，由父母做主，她跟另一个男孩子订了婚。在订婚前，她(5)______也忘不了心中的那个小伙子。"如果他现在开口，说出那一句话，我还愿意投(6)______他的怀抱。"她这么想着，可小伙子还是没有表示，只是眼神里增加了几分忧愁。

到结婚前夕，她(7) ______ 没有忘记那个小伙子。“如果他现在开口，说出那一句话，我还愿意放弃一切，选择这迟来的幸福。”小伙子照旧没有表示，只不过眼神中的忧愁更多了。

50年过去了，两人都已发白齿落，体弱多病。后来，女的先病(8) ______了，在病危中，男的从很远的地方来看她。她紧紧地握(9) ______男的的手，把一生中的疑问与等待合成一句话：“告诉我，你(10) ______ 在等待什么？”他看看周围没有别人，用颤抖的声音说出了心里深埋已久的一句话：“我在等你！”“等我什么？”“等你先开口啊！”

(四)

从前有一个商人，(1) ______ 外面购货回家，顺便买回一面镜子，准备送给他的妻子。

他回到家后，因为急着上厕所，所以(2) ______ 镜子往桌上一放就离开了。他妻子(3) ______ 没见过镜子，一看到桌上有一个发亮的东西，(4) ______ 好奇地拿了起来，(5) ______ 里面一看，里面有一个年轻的女人。她一下就哭了(6) ______ ：“这个没良心的东西，结婚才两年，就娶了个小老婆回来。”

她哭哭啼啼地拿着镜子去找她妈，她妈接(7) ______ 镜子往里一看，见里面是个老太婆，便(8) ______ 起女儿来：“好孩子，别哭，他不会娶一个老太婆当小老婆的。”女儿的爸爸听说这件事，也拿起镜子往里看，见里面是个老头儿，(9) ______ 哈哈大笑起来：“他做的生意也不算小了，找个精明一点儿的老头儿帮他(10) ______ 账，跟你们有什么关系？”

（五）

人生活在这个世界上，都想成就(1) ______ 自己的事业，但很多人都失败了。失败的原因有很多，其中很简单的一个就是，他们忘了，(2) ______ 想做大事，就不必在意一些小事，不要把自己的时间和精力用在自寻烦恼和(3) ______ 搞好人与人之间的关系上。虽然这些道理说起来很简单，可是，在现实生活(4) ______ ，我们会发现，许多人都做不到。最常见的表现就是不断地寻找和检查自己的错误，或者没完没了(5) ______ 考虑自己身边的不安全因素。但是，当人们(6) ______ 寻找、检查和考虑的时候，从来都不会计算一下，为了检查、寻找自己的错误，或者为了(7) ______ 凡事都必须求得完美的愿望，该花费多少宝贵的时间，又(8) ______ 工作、学习、人与人的关系和现实生活带来多少损失。没完没了地检查自己，(9) ______ 什么都不放心的人，多半会变(10) ______ 怕这怕那、办事不果断不坚决的“伪君子”。

（六）

公司在两年前宣布派我来中国工作，尽管我没有任何的思想准备，对汉语也并不精通，可我既没有感到吃惊，也没有以什么(1) ______ 加以拒绝，而是高高兴兴地答应(2) ______ 了，因为我对汉语和中国文化(3) ______ 感兴趣。在中国我可以一面工作，一面学习汉语，又可以经常(4) ______ 中国人，以便了解中国文化以及普通老百姓的风俗习惯。有这样的好机会，我为什么不来呢？但事情也不是一帆风顺的。到中国以后，我也碰到了很多的困难。刚来的时候，在公共汽车上，北京人说的话我(5) ______ 一句也听不懂，简直快把我急(6) ______ 了。不仅如此，生活上也(7) ______ 不习惯的。但我不怕困难，不怕挫折，(8) ______ 充满了信心。眼看两年的时间(9) ______ 过去了，要问我现在的汉语水平(10) ______ 怎么样，听了我上面这段话，你还不明白吗？

（七）

阿里是个聪明的孩子，可是他的家里很穷，他不得不在业余时间去打工，（1）______ 在节假日里他也工作，以便挣钱（2）______ 学费。但上大学花钱很多，于是他决定在节假日期间日夜工作，一到星期天，他（3）______ 在一家肉铺卖肉，晚上在一家医院工作。在肉铺里，掌柜让他先把肉切好，（4）______ 再到柜台前招呼顾客。在医院里，他则只做最简单的工作，不是搀扶行动不便的（5）______ ，就是把病人从一个地方抬到另一个地方。不过不管在肉铺还是在医院，他都必须要穿同样的白衣服。星期天晚上，阿里在医院把一位女病人从床上抬（6）______ 手术室，这位妇女正巧是阿里干活的那家肉铺的（7）______ ，她（8）______ 害怕做手术的缘故，一直提心吊胆。当她看见阿里站在她身边时，吓（9）______ 禁不住大喊起来："他是杀猪的，我不要他给我开刀。"喊着喊着就晕了（10）______ 。

（八）

很多人爱花，赞美花朵鲜艳美丽；不少人爱柳树，赞美柳树柔美多姿。（1）______ ，我却爱那平凡的小草。小草是报春的使者，它悄悄地伴随着春天的脚步来到人间，最早（2）______ 春天到来的（3）______ 报告给人们。再过些日子，桃红柳绿，野花遍地，小草在默默地无私地把自己献给大自然，献给人们。孩子们在那绿油油的草地上做（4）______ ，大人们在那软绵绵的草地上休息，牛羊甜甜地品尝着那鲜美的茎叶。你别看它的身躯是那样柔弱，而生命力（5）______ 是惊人的。狂风、暴雨、洪水、干旱征服（6）______ 它。（7）______ 用锄头把它的茎叶斩断，车轮把它轧得粉身碎骨，然而，用不了多久，它（8）______ 从地下顽强地挺起身躯，开始了新的生活。啊！（9）______ 可爱的小草！我要高声赞美你，赞美你那不畏艰难、顽强向上的品质，赞美你那默默无私的献身（10）______ ！

（九）

（1）______谈到中国的传统节日，大家（1）______会想到春节，（2）______春节是中国最重要的节日。（3）______春节以外，中国（4）______有哪些传统节日呢？

元宵节在春节过后半个月，也就是正月十五。中国人在元宵节有耍灯的（5）______，（6）______又叫灯节。过元宵节的时候，人们有吃元宵的习俗，在南方有的地方（7）______元宵叫汤团或汤元。“团”“元”和“团圆”同音，所以，吃元宵（8）______着团圆、吉利。

端午节在农历五月初五，也叫五月节。这个节日是（9）______纪念诗人屈原的，又叫诗人节。人们在这一天有吃粽子、赛龙舟的习俗。

中秋节在农历的八月十五，所以也叫八月节。中秋节已经有两千多年的（10）______了。在这一天，中国人有吃月饼和观赏月亮的习俗。中国人大都喜欢圆圆的月亮，这是因为圆月象征着亲人的团圆和生活的美好。

（十）

旧社会的婚姻，过去叫做“天作之合”，就是说是（1）______老天爷暗中给组合的，是非常（2）______的事。（3）______奶奶说，她19岁那年，夏季的一个雨天，他父亲在村口的城门洞里闲聊天，从东面来了两个妇女，是给人说媒的，就是现在的婚姻介绍人，（4）______雨淋湿了衣服。她父亲认识（5）______的一个，就让她们在门洞里避避雨再走，随便问道：“（6）______谁家说亲去了？”“东头张家。”“给哪个村说的？”“西王村。张家的姑娘不大（7）______，恐怕成不了。”“男家是个怎样的人家？”

媒人简单地介绍了（8）______，就笑着问：“你家二姑娘怎么样？不愿意找吧？”

“怎么不愿意。你们就去给说说吧，我也打听打听。”她父亲回答得很干脆。

就这样，经过媒人来回跑了几趟，亲事(9) ______说成了。结婚以后，她跟着爷爷学认字，爷爷就先教她洞房喜联上的横批：“天作之合”四个字。说到高兴处，她忍不住笑了：“真不假，什么事都是天定的。(10) ______不是下雨，我就到不了你们家，也就不会是你的奶奶了。”

(十一)

一个小女孩儿(1) ______车祸住进了医院。打进院以来，她(2) ______昏迷不醒。昏迷中，她不时地喊着：“妈妈，妈妈！”女孩儿的爸爸(3) ______着急(3) ______难过，坐在病床前，不知该怎么办(4) ______，只是不停地哀求医生：“救救我女儿，救救我女儿。”

一个护士问那个男人：“孩子的妈妈呢？你(5) ______不叫她妈妈来？”

男人小声说：“我们分手很久了，我找不到她。”

护士坐(6) ______，握着女孩儿的手，温柔地说：“女儿乖，女儿乖，妈妈在这儿。”

男人吃惊地看着护士，眼里(7) ______了感激的泪水，说：“谢谢，谢谢！”

女孩儿叫一声妈妈，护士答应一声。护士还没有结婚，不到20岁。女孩儿像落水的人抓到一根救命草一样，死死地握住护士的手，呼吸慢慢均匀了(8) ______。

在以后的日子里，护士一有空就坐在女孩儿的病床前，握住她的手，跟她说话，给她讲故事，轻轻地唱歌，直到女孩儿完全清醒(9) ______。

医生说女孩儿的清醒是个奇迹。女孩儿说是妈妈温暖的手把她从黑暗中拉了(10) ______。人们用赞扬的眼光注视着充满爱心的护士。

（十二）

生活中的语言习惯，是在特定的文化背景中(1) ______的，对这一点人们(2) ______注意不够。文化背景变了，一些不成问题的“问题”就出现了。比如中国人习惯在别人夸奖的时候谦虚(3) ______，明明对方夸得对，也要客气地说：“哪里，哪里。”“过奖，过奖。”西方人(4) ______不能理解，(5) ______习惯了受到夸奖时说“谢谢”，表示对别人意见的肯定和尊重。有位美国留学生(6) ______他的中国老师说：“您的夫人真漂亮。”老师说：“哪里，哪里。”(7) ______学生又很认真地说：“眼睛、鼻子、嘴巴、身材都很漂亮。”站在一旁的老师的夫人脸(8) ______了，其他人也很难为情。

中国有“非礼勿视、非礼勿言、非礼勿听”的传统，男士对别人的妻子的相貌不应关注，(9) ______不能当面赞美。那个学生说师母漂亮，这是一不该，接着把老师的客套话“哪里，哪里”当作问题来认真地回答，是二不该。类似的例子还有很多。

中国人见面爱问“吃了吗?”“哪儿去?”“最近怎么样?”都是打招呼的客套话，不必认真地回答，更不必在意，(10) ______会闹笑话的。

（十三）

李白的父亲李客没有当(1) ______官，是个很有文化修养的大商人，对家里的孩子要求很严。

李白 10 岁那年，开始动笔学习创作，非常认真。他少年时，有一次逃学回来，(2) ______一条小溪，看见一位老大娘要把一根很粗的铁棒磨(3) ______针。李白想，我学习写作，(4) ______有这种精神，就一定会取得好的成绩。

就这样，李白一直勤学苦练。一天，他经过几次修改，（5）______一篇文章写好了。他十分高兴地送（6）______父亲看。他自认为写得不错，一定会得到父亲的夸奖。（7）______，父亲读了以后很不满意，对他说："你写得太差了，（8）______你也不要灰心，应当继续努力。"

李白点了点头："一定（9）______父亲的要求去做。"回到书房，他把那篇文章烧了，然后重新构思，重新创作，（10）______写作了三次，没有一次感到满意，只得都烧了，直到第四次，才写成比较满意的文章。

（十四）

我从青城山走（1）______，刚走到汽车前，突然发现身后有一个七八岁的男孩儿，看样子他是跟了我一阵子了。他手里拿着一条白铁链说："你买了吧。"我忍不住笑了，说："我不买，我不戴这玩意儿。"可他仍旧盯着我不离开。我回过身，冲着他往远处一指说："你去那边看看吧，也许有人买。"随即踏进车门。男孩儿一下子哭了，是一种（2）______委屈（2）______伤心的哭。他（3）______哭（3）______说："你买了吧，我上学还没有学费呢。"我的心一下子软了。我又走下车，问他要几块钱。"3块。"我边掏钱边说："你真会做买卖，谁教的？"这时走（4）______一位老婆婆说："他爹妈都不在了，他是跟着奶奶过。"原来这样，我（5）______停了一会儿，马上拿出50块钱递给他。他睁大眼睛，（6）______地望着我，突然接过钱，没说话，转身（7）______跑了。

上了车，我（8）______着他跑的那条小路，忽然在小路的尽头出现了他的身影。他手里提着个塑料袋向我这儿跑（9）______。我想："糟了，不知又向我推销什么？我马上关上车门。"他跑到窗下，把塑料袋举给我："这是青城山特产的栗子，是送给你的。"我心里有点儿不是滋味，说道："阿姨不要。"可他一个劲儿地说："拿着嘛，拿着嘛。"我只好抓了一把。见我装到兜里，他高兴地（10）______我笑了，但愿他能永远笑下去。

（十五）

那年除夕，天气格外冷，天空中还飘着小雪。中午刚过，母亲就开始忙起来，又是洗鱼，又是洗菜的，（1）______男朋友要来吃晚饭。我们是大学同学，毕业后他又继续读研，现在通过了托福考试，后天就要去美国学习了。

六点整，他准时来了。他礼貌地跟母亲打了（2）______，就坐在沙发上。我们俩已有一个多月没见面了，电话倒是常打。他考完托福后，我们的关系有一种说不清的变化。吃饭时母亲不停地给他夹菜，还嘱咐他出国后如何如何。他（3）______吃（3）______点头，我坐在一旁听着。

吃完饭，只坐了一会儿，他就告辞了。我（4）______去送他。我们走在街上，不像以往那么亲密。快到车站了，他（5）______说出了分手的话。我虽然不感到（6）______，但心里还是觉得被人捅了一刀，很痛。

他上车走了。我静静地站在那里。我知道我的初恋就这样结束了，真是来也匆匆，去也匆匆。我转身向家走去。我突然发现就在前面回家的路上，站着一个人，我立刻紧张（7）______。正在我是进是退左右为难的时候，那个人向我走（8）______。在灯光下，我仔细一看，惊喜地发现（9）______是我母亲，她双手抱着我的大衣向我走来。我一下子扑（10）______母亲的怀抱，不禁留下了眼泪，是悲伤，更是幸福。

这是我生命中最难忘的除夕。

（十六）

有一个好吃的流浪汉，他一天到晚什么也不做。有一天，这个流浪汉闯(1) ______一个果园里。他见(2) ______什么就摘什么，苹果、梨什么的摘了许多，并且边摘边塞进自己的怀里和口袋里。这时，果园的主人(3) ______走进果园里来，上前一把抓(4) ______了他的衣服，(5) ______地问道："你怎么跑进我的果园里来了？"流浪汉只好答道："(6) ______对不起，这几天刮大风，是风(7) ______我吹到这里来的。"主人问："那你(8) ______要摘我园子里的果子？"流浪汉说："风太大了，把我吹得站(9) ______，所以我碰到什么就抓什么，(10) ______风就把我刮跑啦。""那你为什么把果子装进口袋里？"流浪汉说："你来的时候，我也在想这个问题呢。"

（十七）

9 月 17 日上午，我人民海军"郑和"舰从青岛港起航，驶赴海参崴(1) ______访问。午饭后大家来到后甲板上吹海风，忽然飞来一只金黄色的小鸟儿落在甲板的一角。它的头(2) ______向茫茫的大海，(3) ______在眺望着什么。

出于好奇，人们都围拢(4) ______。小鸟受了惊吓，灵巧地飞起，落在天线杆上。有人打趣说："这家伙是个偷渡者。"舰长说："它是个编外舰员，陪我们出访，谁也(5) ______再惊吓它！"在 4 天的航渡中，每当人们来到甲板时，(6) ______能看到小鸟。

到了海参崴，访问日程(7) ______得满满的，人们都忙着参观、游览、联欢、交流，把小鸟给忘了。9 月 25 日"郑和"舰圆满结束访问，将按期返航，此时突然发现小鸟不见了。一个朋友开玩笑说："它好不容易出了国怎么会回来呢？"话刚说完，(8) ______那只金黄色的小鸟从舰桅的国旗处飞了(9) ______。人们顿时惊叹(10) ______，接着是一阵热烈的欢呼。

（十八）

晚饭后我和两位同事去附近的社区篮球场打球。也许是因为周末的(1) ______，打球的人很多。(2) ______我们到得还不算太晚，还能找到半块场地投投篮。

没过一会儿，听到有人说想和我们一起打球。定睛一看，原来是四个美国小伙子，年龄都在十七八岁(3) ______。看看左右(4) ______发现所有的场地都被占满，而(5) ______我们这里人少，只有三个人。我们随即回答说可以。可当我们决定打半场时，新的问题(6) ______来了，因为我们中方三人，他们美方(7) ______有四人。当我提出人数问题后，他们四人甚至连互相看一眼都没有，走到罚球区，一个接一个地拿起球就投篮。我和同事们一时弄不清他们要干什么。这时他们四人第一轮投篮投进的两位站到了一边，(8) ______两位继续投，最后没投进的那个小伙子摇着头，默默地走到场外，而投进的三个人便开始活动身体，准备跟我们大战(9) ______。

此时，我(10) ______恍然大悟，他们原来是以定点投篮来决定谁有资格参加比赛。

（十九）

她中午下班去拿报纸(1) ______，发现报纸不见了。她心里想：按说上午九点半送报，今天怎么(2) ______事？往报社拨个电话又没人接。说不定是别人拿去了？可每次邻居看报(3) ______会留个字条。她边做饭边想，要炒菜了才发现油没了，下楼买油时正好碰见楼上邻居家的儿子大亮。忽然脑子里蹿(4) ______一个念头，是他？肯定是他。前些日子，她爱人曾经因为楼上敲东西声音大影响孩子休息，所以(5) ______大亮吵了一架。(6) ______那以后，楼上的声音(7) ______没有小，反而传出了音乐声……他(8) ______为了报复拿走我的报纸？她越想(9) ______觉得自己有理。

第二天晚上，她看报时发现一个启事：昨日因临时故障，报纸暂停一天，请读者原谅。这时她才明白：人与人之间原来是非常简单的，只是因为互不信任、忌妒，才产生了误解，(10) ______报复。

（二十）

小王和小李是好朋友，但是都有一个缺点，(1) ______特别爱说大话。一天，小王冲小李说："你知道吗，我去过一个地方，那儿冷得(2) ______，火刚点起来就被冻住了，吹(3) ______吹不灭。""那算什么，"小李一脸不屑一顾的样子，"我们那个地方，人们的话刚说出来就结成了冰，直到把它弄化了才能听到说的是什么。"

一个星期天，小王和小李两个人接受朋友的邀请，去参观一个果园。他们一面走，(4) ______禁不住又说起了大话。小王高声说："你想都想不到，我们家乡的桔子可大了，(5) ______跟足球差不多。"小李愣了(6) ______，(7) ______就嚷道："我们家乡四季如春，每一棵香蕉树都比北京的大楼(8) ______高。"他俩光顾说话，也没注意脚下的水沟，不小心绊倒在一堆西瓜(9) ______。这时，果园的一位农民大声对他们喊道："(10) ______，小伙子，当心别压坏了我的葡萄。"

（二十一）

父亲有三十年的吸烟史，是个远近闻名的大烟鬼。近来，报纸杂志大力宣传吸烟的害处。他明明知道吸烟(1) ______身体健康，却怎么也控制不住自己。多年养成的习惯(2) ______难改呀。家里人对此非常担心，再三劝他改(3) ______这个老毛病。他(4) ______容易才接受了大家的建议，开始戒烟了。

(5) ______，还没戒几个月，女儿突然失业了。女儿失业后，(6) ______找不到工作，不得不临时开了个香烟铺。于是，父亲又(7) ______这个机会吸起烟来了。对此，母亲非常不满意，生气地说："你这个人太没有毅力了，还没戒几天，居然又吸上了。"父亲振振有辞地说："你这个妇道人家真不懂道理，女儿的事业我难道不该支持(8) ______？如果我不吸烟，别人(9) ______会说：'女儿卖的烟连她爸爸都不吸，那说明她卖的烟肯定有问题。'这样一来，她的烟怎么卖得(10) ______呢？"

（二十二）

有个青年，(1) ______有过一个女朋友。两个人的关系非常好，可有一天，不知是由于什么原因，他的女朋友突然再也不跟他(2) ______了。他给姑娘打电话、写信、发电子邮件，可就(3) ______一块石头扔进了大海里，一点儿回音也没有。不久，(4) ______其他朋友，他才打听到姑娘现在在歌厅工作。他觉得有一种被欺骗的(5) ______，但他忘不了她。

其实，姑娘是从外地来北京打工(6) ______。在京城，她无亲无故、无依无靠。她之所以断绝了(7) ______男朋友的联系，是因为她的家乡遭了灾荒，父亲又正好病重需要钱。姑娘是一个自尊心很强的女孩儿，她不愿意连累自己的男朋友，她认为自己的困难应该自己(8) ______。在北京，姑娘是个弱者，(9) ______一个外地来的女孩儿，为了生存，她从事任何工作都是可以理解的。如果男青年真的爱她，在歌厅里工作(10) ______有什么关系？男青年的苦恼大概是因为得不到她而产生的忌妒心理吧？

（二十三）

作为一个残疾人，我确实曾经有过一种深深的自卑感，或许这(1) ______自卑感或多或少地还会伴我终生。但从另一(2) ______看，这或许并不是一(3) ______坏事，它让我在做每件事的时候，都有意识地去思考，让我加倍努力去改变现实。上中学的时候，同学们一起打篮球，但没有人愿意跟我玩儿，因为别人传球给我，我准接不(4) ______。我就想我应该打好篮球，于是，每天我六点多就到学校跑步，练习投球。经过一年的艰苦训练，我终于成为了校篮球队的主力。当我第一次在篮球场上大展神威的时候，在旁边观看的同学脸上那一副大吃一惊的样子，至今还(5) ______在我的记忆中。学游泳也是这样，(6) ______我怎么游也游不好，游不快，然而高中快毕业时，在一次比赛中我(7) ______了全校冠军。一直到大学、到现在，我做每件事都(8) ______认真，因为我要让大家知道，他们(9) ______做到的每件事我一样能做得很好，这样一来，(10) ______才能接受我。

（二十四）

我有个朋友，是个挺棒的小伙子，不管是工作(1) ______学习都是没说的，而且是个少见的热心人，(2) ______别人遇到什么困难和麻烦，只要求到他，他都会(3) ______自己最大的力量，想方设法地帮上一把。可惜，人无完人，他也有个坏毛病，就是爱抽烟喝酒，而且(4) ______很大。朋友们再三劝他把烟酒戒掉，反复给他讲烟酒对健康的危害，同时还告诉他，吸烟不但危害吸烟者自己的健康，(5) ______污染环境，影响他人。非吸烟者呼吸进吸烟者吐出的烟雾，其受到的危害比吸烟者还大，非吸烟者也有呼吸(6) ______空气的自由。再这样下去，他会越来越不(7) ______欢迎。起初他总是满口答应，可坚持不了几天，又抽上喝上了。(8) ______说，他最近交上了个女朋友，对方对他样样满意，唯一的条件就是要求他戒烟，酒量也要减少，(9) ______拒绝结婚，立刻分手。面对这位人见人爱的姑娘，他该如何选择呢？一天下午，我偶然向他(10) ______起这件事儿，他毫不犹豫地回答："戒！坚决戒。戒不掉不是人！"

（二十五）

有个女人，胖得(1) ______路都走不动了。照这样发展下去，她担心总有一天身体会胖得不得了，(2) ______她下决心去找医生给她减肥。到了医院，医生对她说："你先(3) ______了钱，明天再来吧。"第二天，胖女人又来找医生，医生仔细地从头(4) ______脚给她检查了一遍，对她说："尊敬的太太，您的身体真叫人忧虑，我恨不得马上让您瘦(5) ______，可是我实在无能为力，恐怕无论用(6) ______办法也无济于事了。你快回家处理该处理的事情吧。"胖女人听了这(7) ______话，吓得浑身颤抖。回到家里，她一直想着自己不久即将死去，所以什么也不肯吃、不肯喝，到了晚上更是睡不着觉。她一天比一天瘦，十天过去了，她还没有死。她怒气冲冲地去找那个医生，当面骂他是个(8) ______。医生冷静地听她骂完，问道："告诉我你现在是瘦了(9) ______胖了？"医生说："我的治疗如此(10) ______，太太，我得衷心地向你表示祝贺。"

（二十六）

有一个著名的画家到乡下一个风景优美的地方去度假，住在一个农夫家(1) ______。他每天吃过早饭，就带着颜料、画笔、画架出去画画儿，一直画到傍晚，天黑下来以后，才回到农夫家里，美美地吃上一(2) ______晚餐后就去睡觉。画家的假期(3) ______结束时，他对农夫说："这毕竟是我一个月的心血，我要举办一个(4) ______，让收藏家们争先恐后地来买我的画儿。我同时还要付给你一(5) ______钱，来报答你对我的照料。"农夫听后随即说："我(6) ______需要钱，如果你愿意的话，你就给我一张你画的画儿吧。"画家看到农夫这么(7) ______他的画儿，不由得表示了衷心的感谢，并(8) ______画儿给了农夫一张。农夫接着说："我这么做，并不是为了得到什么。我有一个不争气的儿子，一天到晚不学习，一心想当画家，(9) ______他回家来，我就把您的画儿给他看看，(10) ______，他就不会再想当画家了。"

（二十七）

在一个寒冷的夜晚，一个年轻人来到(1) ______的柜台前，他刚要张嘴说话，忽然一个劲儿地咳嗽起来。他一边咳嗽还(2) ______费力地说着什么，可是谁也听不清楚他到底要说(3) ______。药师也被他弄得糊里糊涂，忍不住问道："你究竟想要什么?"年轻人刚要说话，立即(4) ______猛烈地咳嗽起来。药师依然莫明其妙，就对年轻人说："我还是不(5) ______你要什么，请你稍微等一下。"他走到药房的后面，不一会儿手里(6) ______着一杯带颜色的液体回来了。他温和地对年轻人说："这是止咳药水，把它(7) ______了吧。"那年轻人一口气把它喝光了。药师面带得意的微笑问："现在感觉(8) ______?"年轻人用清晰的声音回答："好多了。""那么你究竟要说什么?"年轻人脸上(9) ______出神秘的神情说："不瞒你说，我不但有病，而且很穷，因此请你把所有的钱都(10) ______出来。"药师听了，惊讶地瞪着眼睛愣在了那儿。

（二十八）

从前，有个人跑得特别快，因而他也格外(1) ______，总想在别人面前显示一下自己。一天，一个小偷钻进他的屋里，(2) ______了他的钱，然后跳窗而逃。他发现后便追了出去。他一边跑一边大喊："听着，你给我站(3) ______！难道你不知道我是天底下跑得最快的人吗？"小偷听了他的话后，(4) ______没有停下来，反而跑得更快了。这下可把他惹恼了："好哇，我非(5) ______你瞧瞧我的厉害不可。"接着他便像一阵风(6) ______跑了起来，不一会儿就跑出了十几里地远。这时，路边有个人见他跑得满头大汗，忍不住问道："你不嫌累得慌？(7) ______什么呀？""我在追一个贼。"他(8) ______着气说。路人奇怪地看看周围："(9) ______在哪儿呢？""他呀，早被我远远地甩在(10) ______了。他哪里是我的对手！你可得给我作证。"说这话时，他显得很得意。

（二十九）

昨天晚上张宁刚从国外出差回到家，他妻子王玲就马上告诉了他一件事：最近他们小区里，大白天就被小偷(1) ______了好几家。被偷的几家，家里白天都没人，门都锁得(2) ______，怎么贼就(3) ______了呢？然而，有一家人家，家里白天也没人，门(4) ______忘了锁，可是门口却(5) ______了一双特大号的男鞋，那小偷(6) ______没敢进去。邻居们都说，这双鞋(7) ______变成了一双防盗安全鞋，因为有了这双鞋，小偷也许就被吓(8) ______了。王玲还对丈夫说："我看，以后咱们每天去上班的(9) ______，也把你那双运动鞋(10) ______门外，让它为我们看家。"

（三十）

丁老师：

您好！

这个学期开学以来，我儿子王山的两次考试成绩都很不(1) ______，我很着急。因为他爸爸被(2) ______到国外工作了，我工作又特忙，每天(3) ______，没时间(4) ______他学习。您是他的班主任，对他(5) ______了解，另外您教学生也很有(6) ______，王山又(7) ______喜欢您。我想请您(8) ______一些时间给王山补补课，不知您是否同意。您收到这张便条后，(9) ______给我手机打个电话或发个短信，我们商定一个(10) ______的时间。谢谢您！我的手机号码是 13501151515。

王山的家长：冯立远

2008 年 4 月 8 日